¿Qué es el Evangelio?

Greg Gilbert

Prólogo por D.A. Carson

Publicaciones Faro de Gracia
P.O. Box 1043
Graham, NC 27253
www.faroegracia.org

Publicado por:

Publicaciones Faro de Gracia
P.O. Box 1043
Graham, NC 27253

www.farodegracia.org

ISBN 978-1-928980-81-0

Agradecemos el permiso y la ayuda brindada por Crossway y 9Marks para traducir e imprimir este libro, What is the Gospel? al español.

Impreso en Bogotá, Colombia, 2012

"Greg Gilbert es uno de los jóvenes más brillantes y fieles llamados a servir a la iglesia de nuestros días. Aquí nos ofrece un entendimiento penetrante, fiel, y completamente bíblico del evangelio de Jesucristo. No hay necesidad más grande que conocer el verdadero evangelio, reconocer las imitaciones falsas, y producir una generación de cristianos centrados en el evangelio. Este importante libro llega justo en el momento correcto".

-R. Albert Mohler Jr., Presidente,
The Southern Baptist Theological Seminary

"Dos realidades hacen de éste un libro críticamente importante: la centralidad del evangelio en todas las generaciones y la confusión acerca del evangelio en nuestra propia generación. "*¿Qué es el Evangelio?*" Provee una explicación bíblica y fiel del evangelio y equipa a los cristianos a discernir las desviaciones de este glorioso mensaje. Cómo me gustaría colocar este libro en las manos de cada pastor y miembro de la iglesia".

- C.J. Mahaney, Sovereign Grace Ministries

"Greg Gilbert declara que el entendimiento actual del evangelio está perdido en una neblina de confusión. Greg elimina esa neblina trayendo una luz brillante y fresca a este antiguo tema. Gilbert escribe con un estilo claro, conciso, y coloquial que apela especialmente a jóvenes adultos. "*¿Qué es el Evangelio?*" agudizará sus pensamientos acerca del evangelio, grabándolo profundamente en su corazón a fin de que pueda compartir las buenas nuevas de Jesucristo con elocuencia. Le dejará reflexionando sobre el impacto que el evangelio ha tenido en su propia vida. Le llevará a orar con agradecimiento a Dios por lo que Cristo ha logrado".

-James MacDonald, Pastor Principal,
Harvest Bible Chapel, Chicago, Illinois

"Una maravillosa forma de contar la antigua historia con palabras frescas –y con advertencias sólidas en contra de sutiles distorsiones. Como atestigua la antigua canción, y como lo dice el excelente libro de Greg Gilbert, aquellos que mejor conocen la antigua historia se encontrarán con hambre y sed de escuchar la misma historia otra vez".

-Bryan Chapell, Presidente
Covenant Theological Seminary

“Greg Gilbert es alguien a quien he tenido el honor y privilegio de enseñar y alguien que ahora me enseña a mí. Este pequeño libro acerca del evangelio es uno de los libros más importantes y claros que he leído en los últimos años“.

- Mark Dever, Pastor Principal
Capitol Hill Baptist Church, Washington DC

“Por alguna buena razón, a los cristianos les gusta la palabra *evangelio*. Pero trágicamente multitudes de cristianos fallan en absorber totalmente lo que este significa. Con doctrina sólida y en forma sencilla, mi buen amigo Greg Gilbert demuestra qué tan importante es entender la naturaleza teológica y la necesidad funcional del evangelio. Tan sólo podemos esperar y orar que este sea el primero de muchos libros de Greg“.

- Tullian Tchividjian, Pastor Principal
Coral Ridge Presbyterian Church, Fort Lauderdale, Florida

“¿Qué es el evangelio? Este pequeño pero poderoso libro responde esa pregunta con presentación clara y concisa. Es un tratado magnífico de las buenas nuevas. Léalo y distribúyalo“.

- Daniel L. Akin, Presidente,
Southeastern Baptist Theological Seminary

“Greg Gilbert, con una mente capaz y un corazón pastoral, ha escrito un libro que será de ayuda para buscadores, nuevos cristianos, y cualquiera que quiera entender el evangelio con mayor claridad. ¡He estado esperando un libro así! Este libro es una guía para dar pasos firmes en un tema sorprendentemente controversial. Aclara distorsiones acerca del evangelio, el reino, y el significado de la cruz“.

- Kevin DeYoung, Pastor Principal
University Reformed Church, East Lansing, Michigan

“*¿Qué es el Evangelio?* demuestra de una manera sensitiva e intrigante que el evangelio es indescriptiblemente profundo así como eminentemente descriptible—suficientemente claro para que cualquiera lo comprenda“.

- Paige Patterson, Presidente
Southwestern Baptist Theological Seminary

"Greg Gilbert ha llamado a la iglesia a regresar a la fuente de su revelación. De una forma simple y directa, deja en claro lo que la Biblia ha demostrado acerca del significado del evangelio".

- Arzobispo Peter J. Akinola
Primate of the Church of Nigeria, Anglican Communion

"En una era de duda y pragmatismo no hay mayor reto que hacer claro el glorioso evangelio. Esta es la mayor necesidad para el cristiano veterano y para el escéptico también. En una obra inteligente y a la vez accesible, Greg Gilbert contesta con claridad la pregunta más importante de todas".

- Darrin Patrick, Vicepresidente
The Acts29 Church Planting Network

"Greg Gilbert acaba con la confusión escudriñando las Escrituras para contestar la pregunta más importante de todas. Aun si piensa que conoce las buenas nuevas de lo que Dios ha hecho en Cristo, Gilbert agudizará su enfoque en este glorioso evangelio".

- Collin Hansen, Editor de Christianity Today

"Este libro le ayudará a entender, atesorar, y compartir mejor el evangelio de Jesucristo. Y si piensa que ya conoce lo suficiente acerca del evangelio, tal vez lo necesite más que nadie".

- Joshua Harris, Pastor Principal
Covenant Life Church, Gaithersburg, Maryland

"En medio de una cultura cristiana contemporánea caracterizada por una confusión endémica concerniente a los principios centrales de nuestra fe, Greg Gilbert nos ha dado un retrato del evangelio que es claro para aquellos que han creído e irresistible para aquellos quienes han de creer. *¿Qué es el Evangelio?* es un libro saturado con la Palabra, centrado en la cruz, y que exalta a Dios. Este libro cautivará la atención de su mente y alumbrará el afecto de su corazón por un Dios que nos salva por su gracia a través de su evangelio para su gloria".

- David Platt, Pastor Principal
Brook Hills Church, Birmingham, Alabama

“Tener claridad en el evangelio conlleva tanto confianza en el evangelio como convicción concerniente a sus verdades centrales. Este excelente libro es maravillosamente claro y bíblicamente fiel, y su lectura le recompensará con un enfoque renovado en el evangelio“.

- William Taylor, Rector
St Helen Bishopgate, Londrés

“Cuando pienso en la pieza central de mi Biblia, mi corazón abraza inmediatamente el evangelio. Conozco a muchas personas que aman el evangelio, pero yo siempre estoy abierto a amarlo más y entenderlo mejor. Greg Gilbert ha escrito este libro para ayudarnos a conocer y amar mejor el evangelio “.

-Johnny Hunt, Presidente
Convención Bautista del Sur
Pastor, First Baptist Church, Woodstock, Georgia

“Lo que le da profundidad a este libro es su simplicidad. Tal vez el mayor peligro en el Cristianismo es tener presuposiciones en cuanto a qué es el evangelio sin escuchar la voz clara y definitiva de la Biblia. No es una exageración decir que tal vez este sea el libro más importante que usted leerá acerca de la fe cristiana“.

- Rick Holland, Pastor Ejecutivo
Grace Community Church, San Valley, California

Para Moriah
Te amo mucho,
muchísimo.

CONTENIDO

Prefacio de la Serie

La serie de libros 9Marks está fundamentada en dos ideas básicas. Primero, la iglesia local es más importante de lo que muchos cristianos piensan. Nosotros en 9Marks creemos que un cristiano saludable es un miembro de iglesia saludable.

Segundo, las iglesias locales crecen en vitalidad a medida orientan sus vidas alrededor de la palabra de Dios. Dios habla. Las iglesias deben escuchar y obedecer. Así de sencillo. Cuando una iglesia escucha y obedece, comienza a parecerse a aquel a quien obedece. Se convierte en un reflejo de su amor y santidad. Despliega su gloria. Una iglesia se parece más a Dios cuando le escucha.

En este sentido, cabe mencionar que el lector encontrará que todas las "9 Marcas" contenidas en el libro de Mark Dever "*Una Iglesia Saludable: Nueve Características*" (Publicaciones Faro de Gracia), comienzan con la Biblia:

- Predicación expositiva;
- Teología bíblica;
- Un entendimiento bíblico del evangelio;
- Un entendimiento bíblico de la conversión;
- Un entendimiento bíblico del evangelismo;
- Un entendimiento bíblico de la membresía eclesiástica;
- Un entendimiento bíblico de la disciplina eclesiástica;
- Un entendimiento bíblico del discipulado y crecimiento; y
- Un entendimiento bíblico del liderazgo eclesiástico.

Se podrían decir más cosas con respecto a lo que las iglesias deberían hacer para ser saludables, por ejemplo orar. Pero estas nueve prácticas son las que creemos que más se ignoran hoy en día. Así que nuestro mensaje central a las iglesias es, no busquen las mejores prácticas de negocios o el estilo más a la moda; busquen a Dios. Empiecen por escuchar la Palabra de Dios una vez más.

De este proyecto general vienen los libros de la serie 9Marks. Estos volúmenes tienen como objetivo el examinar las nueve marcas desde cerca y desde diferentes ángulos. Algunos son para pastores. Otros son para miembros de la iglesia. Esperamos que todos combinen una cuidadosa inspección bíblica, reflexión teológica, consideración cultural, aplicación corporal, y hasta un poco de exhortación individual. Los mejores libros cristianos son siempre los que son tanto teológicos como prácticos.

Es nuestra oración que Dios use éste y otros volúmenes para ayudar a preparar a su novia, la iglesia, con esplendor y majestuosidad para el día de su regreso.

Prólogo

Más de treinta años de enseñar a estudiantes de teología me ha mostrado que las preguntas más controvertidas que me hacen varían de generación a generación—y lo mismo es cierto del público cristiano en general. Durante algún tiempo se podía garantizar un fuerte debate al lanzar la pregunta, ¿Qué piensas del movimiento carismático? o ¿Es digna de defender la inerrancia? o ¿Qué piensas de las iglesias que usan el entretenimiento para alcanzar a los perdidos? Es muy fácil encontrar personas queriendo discutir estas preguntas en nuestros días, pero ya no tienen tanto controversia aunque no se hayan aclarado mayor cosa. Hoy la pregunta que enciende los fusibles es la que señala este autor, ¿Qué es el evangelio? Tal vez se pudiera añadir la pregunta relacionada, ¿Qué es el evangelicalismo?

El hecho de que estas preguntas engendren respuestas mutuamente exclusivas que son defendidas dogmáticamente con una mínima reflexión en la Biblia es, sinceramente, alarmante, porque las cuestiones son muy fundamentales. Cuando los "evangélicos" sostienen opiniones muy diferentes acerca del "evangelio", entonces se concluye que el evangelicalismo como movimiento es un fenómeno diverso sin ningún acuerdo en cuanto al evangelio y sin un sentido de responsabilidad para contender "por la fe que ha sido una vez dada a los santos" (Judas 3), o bien que muchas personas se llaman a sí mismos "evangélicos" sin derecho legítimo alguno porque han abandonado el evangelio.

Ahora pasemos a Greg Gilbert. No es tanto que este libro prometa escarbar tierra nueva sino más bien escudriñar tierra vieja que nunca debió haber sido ignorada, y mucho menos abandonada. La claridad de Greg para pensar y articular es enteramente admirable. Este libro agudizará los pensamientos de muchos cristianos maduros en la fe. Más importante aun, este es un libro para ser distribuido ampliamente entre líderes de la iglesia, cristianos jóvenes, y aun entre aquellos que no han confiado en Cristo y que buscan una explicación clara de lo que es el evangelio. Léalo, después compre una caja llena de ellos para distribuirlos generosamente.

D.A. Carson

Introducción

¿Qué es el evangelio de Jesucristo?

Usted pudiera pensar que esa es una pregunta muy sencilla de responder, especialmente para cristianos. De hecho, usted pudiera pensar que escribir un libro como este –uno que exhorta a los cristianos a pensar cuidadosamente acerca de la pregunta, ¿Qué es el evangelio de Jesucristo? – es completamente innecesario. Es como preguntarle a los carpinteros que se sienten a pensar en la pregunta, ¿Qué es un martillo?

Después de todo, el evangelio de Jesucristo es el centro del Cristianismo, y nosotros como cristianos decimos que nuestra razón de ser es el evangelio por sobre todas las cosas. Es donde buscamos fundamentar nuestras vidas y construir nuestras iglesias. Es de lo que hablamos a otros, y es por lo que oramos que ellos también escuchen y crean.

Por todo eso, ¿Qué tan firme cree usted que sea el entendimiento de los cristianos acerca del contenido del evangelio? ¿Cómo respondería si alguien le pregunta: ¿Cuál es el mensaje que ustedes los cristianos predican una y otra vez? ¿Y por qué es importante?

Mi sospecha es que muchos cristianos responderían algo que estaría lejos de lo que la Biblia sostiene como "el evangelio de Jesucristo". Tal vez responderían, "El evangelio es que Dios perdona tus pecados si crees en él". O tal vez dirían, "Las buenas nuevas son que Dios te ama y tiene un maravilloso plan para tu vida". O, "El evangelio es que eres un hijo de Dios, y Dios quiere que sus hijos sean abundantemente exitosos en todos los sentidos". Algunos sabrían que es importante mencionar algo acerca de la muerte de Jesús en la cruz y de su resurrección, pero la pregunta es, ¿Cómo encaja todo esto?

El hecho es que el que los cristianos lleguen a un acuerdo en la respuesta a la pregunta ¿Qué es el evangelio? no es tan fácil como parece. Yo trabajo para un ministerio llamado 9Marks, una organización afiliada a la Iglesia Bautista Capitol Hill en Washington, DC. La gran mayoría de los que leen y comentan acerca de nuestro material son parte de un porcentaje muy pequeño dentro de los cristianos evangélicos. Creen que la Biblia es verdadera e inerrante, creen que Jesús murió en una cruz y resucitó corporalmente de los muertos, creen que los humanos son pecadores con necesidad de salvación, e intentan ser personas centradas en Dios y saturadas con el evangelio.

Pero, ¿Cuál cree usted que es el tema que genera el mayor número de comentarios y las respuestas más energéticas de todo lo que escribimos? Si, es el evangelio. Podemos escribir y hablar por meses acerca de disciplina, predicación, consejería, gobierno de la iglesia, hasta música de la iglesia, y la respuesta de nuestros lectores es interesante pero no sorpresiva. Pero si escribimos un artículo concerniente a lo que la Biblia enseña acerca de las buenas nuevas del Cristianismo, entonces la respuesta es impresionante.

Hace algún tiempo, un amigo mío escribió un pequeño artículo en nuestro sitio de Internet acerca de un reconocido artista cristiano a quien le pidieron durante una entrevista que definiera las buenas nuevas del Cristianismo. Esto es lo que el artista dijo:

> Qué gran pregunta. Supongo que diría…mi sentir seria decir que es que Jesucristo vino, vivió, murió, y resucitó e inauguró el Reino de Dios y todo lo relacionado con él… y todo eso sucedió a través de él mismo…el restaurar todas las cosas… el proceso de comenzar la realidad en la vida y los corazones de muchos creyentes y aun así esperar el día en que será completamente realizado. Pero las buenas nuevas, el evangelio, el hablar de las buenas nuevas, yo diría que es la noticia de que su reino ha venido, la inauguración de la venida del reino…ese es mi instinto.

Algunos de nosotros respondimos haciendo preguntas como, "Si estamos articulando el evangelio cristiano, ¿Acaso no deberíamos incluir alguna *explicación* de la muerte y resurrección de Jesús?". O, "¿Acaso no deberíamos decir algo acerca del pecado y la necesidad de salvación de la ira de Dios?".

La respuesta a la serie de comentarios fue increíble. Literalmente por varios meses recibimos docenas de mensajes acerca del tema. Algunos escribieron para agradecer las preguntas que se habían generado; otros se preguntaban qué tenía de malo el articular el evangelio de esa manera ya que Jesús predicó acerca de la venida del reino. Otros fueron alentados tan solo de escuchar a otros cristianos pensar profundamente acerca de cómo articular el evangelio.

En cierta forma, estoy contento de ver a cristianos entusiasmados cuando comienza una discusión acerca del evangelio. Significa que están tomándolo en serio, y que han tenido que pensar a detalle lo que el evangelio significa. No habría nada saludable en cristianos que tuvieran apatía en definir y entender el evangelio. Por otro lado, creo que la energía generada en discusiones acerca del evangelio apunta hacia una neblina de confusión general que merodea en nuestros días. Al final de cuentas, los cristianos simplemente no concuerdan en lo que es el evangelio –aun cristianos que se llaman a sí mismos evangélicos.

Si le preguntamos a cien personas que profesan ser cristianos evangélicos lo que significa las buenas nuevas de Jesucristo, probablemente recibiríamos sesenta respuestas diferentes. Escuchar sermones evangélicos, leer libros evangélicos, conectarse a sitios de Internet evangélicos, y se encontrará una descripción tras otra acerca del evangelio, y muchas de ellas mutuamente exclusivas. Aquí hay unas cuantas que encontré:

> Las buenas nuevas son que Dios quiere mostrarte su increíble favor. Él quiere llenar tu vida con "vino nuevo", pero ¿Estás dispuesto a deshacerte de tu odre viejo? ¿Empezarás a pensar en grande? ¿Alargarás tu visión y abandonarás esos pensamientos negativos que te detienen?

> Este es el evangelio en una frase. Porque Cristo murió por nosotros, aquellos que confían en él pueden saber que su culpa ha sido perdonada de una vez por todas. ¿Qué tendremos que decir ante la

presencia del juicio de Dios? Sólo una cosa, Cristo murió en mi lugar. Eso es el evangelio.

El mensaje de Jesús bien pudiera ser el más revolucionario de todos los tiempos: "El imperio revolucionario y radical de Dios está aquí, avanzando por medio de la reconciliación y la paz, expandiéndose por fe, esperanza, y amor –empezando con los más pobres, los más débiles, y los más mansos. Es tiempo de cambiar tu manera de pensar. Todo está a punto de cambiar. Es tiempo para una nueva forma de vida. Cree en mí. Sígueme. Cree en estas buenas nuevas para que puedas vivir a través de ellas y ser parte de la revolución".

Las buenas nuevas son que el rostro de Dios siempre estará volteado hacia ti, sin importar lo que hayas hecho, dónde hayas estado, o qué tantos errores hayas cometido. Él te ama y está buscándote para darte su favor.

El evangelio en sí mismo se refiere a la proclamación de que Jesús, quien murió y resucitó, es el Mesías, el único Señor del mundo.

¡Buenas nuevas! ¡Dios se está convirtiendo en Rey y lo está haciendo a través de Jesús! Y por lo tanto ¡vaya!, La justicia de Dios, su paz, y su mundo, han de ser renovados. Y en medio de todo ello, por supuesto, hay buenas nuevas para ti y para mí. Pero eso es un efecto derivado del mensaje de Jesús el cual tiene un impacto en ti y en mí. Pero el mensaje del evangelio no es acerca de la clase de *persona que eres o de lo que puede sucederte a ti.* Eso es el resultado del evangelio más que el evangelio en sí mismo... La salvación es el resultado del evangelio, no el centro del evangelio en sí mismo.

El evangelio es la proclamación de Jesús, en (dos) sentidos. Es la proclamación *anunciada* por Jesús –la llegada del reino de Dios en medio de estructuras humanas. Pero también es la proclamación *acerca* de Jesús –las buenas nuevas de que en su muerte y resurrección, Jesús hizo disponible el reino de Dios para nosotros.

Como cristiano, simplemente estoy tratando de orientarme hacia una forma de vida particular, la forma de vida que Jesús enseñó que era posible. Y creo que forma de vida que Jesús ofrece es la mejor manera de vivir… Con el paso del tiempo cuando tratas de vivir a la manera de Jesús, comienzas a notar que algo más profundo está sucediendo. Empiezas a comprender que la razón por la que esta es la forma correcta de vivir es porque está enraizada en verdades profundas acerca de cómo es el mundo en realidad. Te encuentras a ti mismo viviendo más y más de acuerdo a la realidad definitiva. Estás más y más en sincronía con los niveles más profundos del universo… Los primeros cristianos anunciaron esta forma de vida de Jesús como "buenas nuevas".

Mi entendimiento del mensaje de Jesús es que él nos enseña a vivir en la realidad de Jesús ahora –aquí y hoy. Es casi como si Jesús sigue diciendo, "Cambia tu vida. Vive de esta manera".

¿Ve usted a lo que me refiero cuando digo que el evangelio está rodeado de una neblina de confusión? Si usted nunca hubiera escuchado del Cristianismo, ¿Qué es lo que pensaría después de haber leído esas pocas citas? Usted sabría obviamente que los cristianos están tratando de comunicar algún tipo de mensaje que es bueno. Pero más allá de eso, es una revoltura. ¿Acaso las buenas nuevas son solamente que Dios me ama, y que tengo que empezar a pensar más positivamente? ¿Acaso es que Jesús es un gran ejemplo que puede enseñarme a vivir una vida amorosa y compasiva? Puede ser que tanga algo que ver con el pecado y el perdón. Aparentemente algunos cristianos piensan que estas buenas nuevas tienen algo que ver con la muerte de Jesús. Otros aparentemente no.

Mi punto no es decidir aquí y ahora cuál de estas citas es mejor o peor que otras (aunque espero que al haber leído este libro usted sea capaz de decidir por sí mismo). Es simplemente para enfatizar las muchas diferentes opiniones que vienen las mentes de las personas cuando se les pregunta, ¿Qué es el evangelio?

En este libro quiero tratar de ofrecer una respuesta clara a esa pregunta, una que esté basada en lo que la Biblia misma enseña acerca del evangelio. Durante ese proceso, estoy esperando y orando por las siguientes cosas.

Primero, si usted es cristiano, oro para que este pequeño libro—y más importante aun, la verdades gloriosas que intenta articular—causen que su corazón se ensanche en gozo y adoración hacia Jesucristo por lo que Él ha completado por usted. Un evangelio escuálido lleva a una adoración escuálida. Desvía nuestra mirada de Dios y desvaloriza lo que Dios ha hecho por nosotros en Cristo. El evangelio bíblico, en contraste, es como un combustible en el horno de la adoración. Entre más entienda acerca de él, y crea y descanse en él, su adoración hacia Dios será mayor por lo que él es y por lo que ha hecho por nosotros en Cristo. *"¡Oh profundidad de las riquezas de la sabiduría y de la ciencia de Dios!"*, dijo Pablo (Romanos 11:33), y esto a causa de que su corazón estaba saturado del evangelio.

Segundo, espero que la lectura de este libro le de una confianza más profunda cuando hable con otros acerca de las buenas nuevas de Jesús. He conocido a un buen número de cristianos que titubean al compartir el evangelio con amigos, familia, y conocidos por temor a no tener las respuestas de todas sus preguntas. Bueno, tal vez es verdad, no importa quién sea usted, nunca será capaz de responder *todas* sus preguntas. Pero si puede contestar *algunas* de ellas, y espero que este libro le ayude a contestar *más* de ellas.

Tercero, oro para que usted vea la importancia de este evangelio para la vida de su iglesia, y que como resultado de esto pueda trabajar para asegurarse de que el evangelio es predicado, cantado, orado, pensado, proclamado, y escuchado en cada aspecto de la vida de su iglesia. Dijo Pablo que es a través de la iglesia que la multiforme sabiduría de Dios será dada a conocer al universo. ¿Y cómo es esto? A través de la predicación del evangelio, que trae "para todos" la luz del plan eterno de Dios para salvar al mundo (Efesios 3:7-12).

Cuarto, espero que este libro ayude a afilar la espada del evangelio en su mente y corazón. El evangelio es un mensaje escueto, e interfiere con la manera de pensar del mundo y sus prioridades, con verdades duras y refrescantes. Tristemente, siempre ha habido una tendencia entre los cristianos—aun inclusive entre evangélicos—de suavizar las verdades del evangelio para que sea más aceptable para el mundo. Una de mis oraciones es que este libro sirva para preservar esas verdades y para prevenir la corrosión de las mismas que, aunque son difíciles de digerir para el mundo, son indispensables para las buenas nuevas de Jesús. Todos nosotros somos tentados a presentar el evangelio de la forma más atractiva posible con el fin de ser testigos encantadores. Eso está bien en cierta forma—son "buenas nuevas" después de todo—pero también debemos de ser cuidadosos de no diluir la verdad del evangelio. Debemos preservarlas, y espero que este libro nos ayude a hacer eso.

Finalmente, si usted no es cristiano, entonces oro para que leyendo este libro sea provocado a pensar profundamente acerca de las buenas nuevas de Jesucristo. Este es el mensaje en el que nosotros los cristianos hemos fundado nuestras vidas, y este es el mensaje que creemos que demanda una respuesta de usted también. Si hay algo en el mundo que usted no se puede dar el lujo de ignorar, es la voz de Dios diciendo, "¡Buenas Nuevas! ¡Esta es la solución para ser salvado de mi juicio!". Esa es la clase de anuncio que demanda su atención.

CAPÍTULO UNO

ENCONTRANDO EL EVANGELIO EN LA BIBLIA

¿Sabía usted que los sistemas de posicionamiento global (GPS) están causando gran confusión en las ciudades de los Estados Unidos? Especialmente en el caso de ciudades pequeñas. Para gente que vive en ciudades grandes, esta pequeña tecnología ha sido como un salvavidas. Conecte el GPS, teclee una dirección, y ya está listo para ir a su destino. Sin más rodeos, sin más vueltas equivocadas—sólo usted, su vehículo, su GPS, y ¡Ya está! "Ha llegado a su destino".

Recientemente compré mi primer aparato GPS, que fue principalmente primeramente un acto de desafío en contra de quien haya sido el responsable de la planeación de las calles en Washington DC, que son casi imposibles de transitar. De todos modos, mi primera experiencia con GPS no fue en Washington. Fue en Linden, Texas, el pequeño pueblo rural donde crecí.

Resulta que mi GPS no tiene absolutamente ningún problema en navegar las encrucijadas calles de doble sentido de Washington. Lo raro es que en Linden si tiene problemas. Algunas calles que el GPS estaba seguro que existían… en realidad no existían. Giros que el GPS insistía que eran posibles, no lo eran. Direcciones que firmemente creía que estarían en un cierto lugar, resulta que se encontraban a varios kilómetros más lejos—o peor aún, no existían.

Aparentemente, la ignorancia de los sistemas GPS en pueblos pequeños es un problema en ascenso. El noticiero de la ABC contó una historia acerca de áreas residenciales cuyas calles se han convertido prácticamente en autopistas debido a que los sistemas GPS estaban direccionando el tránsito hacia esa ruta, en vez de hacia las avenidas principales. Hay otros problemas también. Un pobre hombre de California insistía que tan sólo estaba siguiendo las instrucciones de su GPS cuando se dirigió hacia un camino rural y se encontró a sí mismo atorado en las vías del tren frente a frente con una locomotora. El hombre sobrevivió, pero a quien no le fue muy bien fue a su vehículo rentado y asumimos que tampoco al GPS culpable.

Un representante de la Asociación Americana de Automóviles mostró algo de simpatía, "Claramente el sistema GPS le falló al conductor en el sentido de que no debió haberle dicho que ingresara a las vías del tren", dijo, "pero sólo porque una máquina te diga que hagas algo que es potencialmente peligroso, no significa que debas hacerlo", ¡Claro que no!

Así que, ¿qué es lo que sucede? Los fabricantes de GPS dicen que tal vez el problema no está en los aparatos, los cuales están haciendo exactamente lo que deben de hacer. El verdadero problema está en los mapas que los aparatos tienen cargados. Resulta que especialmente en pueblos pequeños, los mapas disponibles para los sistemas GPS tienen varios años o inclusive décadas de antigüedad. Algunas veces los mapas son más bien mapas de planeación—lo que los pioneros de los pueblos *planearon* en caso de que algún día crecieran. ¿El resultado? Algunas veces las direcciones que aparecen en un lugar de los mapas de planeación terminaron estando en otro lugar cuando el pueblo se construyó. Algunas veredas que los planeadores pensaron construir nunca se construyeron en realidad—y algunas veces lo que se planeó iba a ser una calle, ¡terminó siendo las vías del tren!

En el mundo de los GPS, así como en la vida, es importante que obtengas tu información de fuentes confiables.

¿Cuál es Nuestra Autoridad?

Lo mismo es verdad cuando abordamos la pregunta, ¿Qué es el evangelio? Desde el principio tenemos que tomar una decisión acerca de qué fuente de información vamos a utilizar para responder esa pregunta. Para los evangélicos, la respuesta usualmente es bastante sencilla: encontramos la respuesta en la Biblia.

Eso es cierto, pero es útil saber desde el inicio que no todos están completamente de acuerdo con esa respuesta. Diferentes tradiciones "Cristianas" han ofrecido diferentes respuestas a esta pregunta sobre la autoridad. Por ejemplo, algunos han sostenido que no debemos de basar nuestro entendimiento del evangelio tan sólo en las palabras de la Biblia, sino en la tradición Cristiana. Si la iglesia ha creído algo durante mucho tiempo, dicen ellos, entonces debemos aceptarlo como verdad. Otros han dicho que conocemos la verdad a través del uso de la razón. El construir nuestro entendimiento de abajo hacia arriba—A conlleva a B conlleva a C conlleva a D—nos dará un entendimiento verdadero de nosotros mismos, del mundo, y de Dios. Otros dicen que debemos de buscar la verdad del evangelio en nuestra propia experiencia. Lo que más resuene en nuestros corazones es lo que finalmente entendemos como verdad acerca de nosotros y de Dios.

Sin embargo, si usted pasa el tiempo suficiente pensando acerca de esto, se dará cuenta de que cada una de esas fuentes potenciales de autoridad últimamente falla en cumplir lo que promete. La tradición nos deja confiando en nada más que opiniones humanas. La razón, como cualquier estudiante de filosofía le dirá, nos deja chapaleando en el escepticismo. (Intente probar, por ejemplo, que usted no es tan solo el producto de la imaginación de otra persona, o que sus cinco sentidos son realmente confiables). Y la experiencia nos deja confiando en nuestros corazones inconstantes para decidir lo que es verdad—aun las personas más honestas son inestables en sus mejores momentos.

Entonces, ¿qué hacemos? ¿a dónde vamos para conocer lo que es verdad, y así conocer verdaderamente lo que son las buenas nuevas de Jesucristo? Como cristianos, creemos que Dios nos ha hablado en su Palabra, la Biblia. Además, creemos que lo que Dios ha dicho en la Biblia es infalible e inerrante, y por lo tanto no nos deja en escepticismo, desesperación, o incertidumbre, sino en confianza. "Toda la Escritura es inspirada por Dios", dijo Pablo, "y útil para enseñar" (1 Timoteo 3:16). El Rey David escribió,

En cuanto a Dios, perfecto es su camino,
Y acrisolada la palabra de Jehová. (Sal. 18:30)

Así que miramos a la Palabra de Dios para encontrar lo que él nos ha dicho acerca de su Hijo Jesús y de las buenas nuevas del evangelio.

¿Dónde Buscamos en la Biblia?

Pero, ¿dónde buscamos en la Biblia para encontrar esto? Supongo que hay varios enfoques que podríamos tomar. Uno sería buscar todas las ocasiones en las que la palabra *evangelio* es mencionada en el Nuevo Testamento y tratar de llegar a una conclusión acerca de lo que los autores quieren decir cuando usan la palabra. Seguro que hay algunos instantes en donde los escritures son cuidadosos en definirla.

Podría haber algunas cosas importantes que aprender desde esta aproximación pero también hay inconvenientes. Uno de ellos es que en el Nuevo Testamento los escritores obviamente intentan dar una sumatoria de las buenas nuevas del Cristianismo, pero no utilizan la palabra *evangelio* para eso. Tome el sermón de Pedro, por ejemplo, en el día del Pentecostés en Hechos 2. Si alguna vez hubo una proclamación de las buenas nuevas del Cristianismo, seguro que fue esta—y aun así Pedro nunca menciona la palabra *evangelio.* Otro ejemplo es el apóstol Juan, quien utiliza la palabra solamente una vez en todos sus escritos en el Nuevo Testamento (Apocalipsis 14:6).

Permítame sugerir que, por ahora, no abordaremos la tarea de definir los contornos básicos del evangelio cristiano mediante un estudio de la palabra en sí misma, sino mirando lo que los primeros cristianos dijeron acerca de Jesús y el significado de su vida, muerte, y resurrección. Si buscamos en los escritos y sermones de los apóstoles en la Biblia, los encontraremos explicando, algunas veces en breve y otras veces con más amplitud, lo que aprendieron de Jesús mismo acerca de las buenas nuevas. Quizá también seremos capaces de discernir alguna serie de preguntas en común, o algunas verdades compartidas entre los apóstoles y los primeros cristianos, que estructuraban su presentación de las nuevas buenas de Jesús.

El Evangelio en Romanos 1-4

Uno de los mejores lugares para empezar a buscar una explicación básica del evangelio es en la carta de Pablo a los Romanos. Tal vez con más claridad que cualquier otro libro en la Biblia, Romanos contiene una expresión deliberada y por pasos de lo que Pablo entendió como las buenas nuevas.

De hecho, el libro de Romanos no es para nada un *libro*, a menos no como imaginamos usualmente un libro. Es una carta. Una carta en la que Pablo se presenta a sí mismo y ofrece su mensaje a un grupo de cristianos que jamás había conocido. Es por eso que se percibe un cierto estilo sistemático, paso a paso. Pablo quería que estos cristianos conocieran acerca de su ministerio, y especialmente de su mensaje. Quería que supieran que las buenas nuevas que predicaba eran las mismas buenas nuevas que ellos habían creído.

"No me avergüenzo del evangelio", dice Pablo, *"pues es poder de Dios para salvación a todo aquel que cree"* (Romanos 1:16). A partir de aquí, especialmente en los primeros cuatro capítulos, Pablo explica las buenas nuevas de Jesús con gran detalle. Conforme avanzamos en nuestro estudio de estos pasajes, vemos que Pablo estructura su presentación del evangelio alrededor de algunas verdades fundamentales, verdades que aparecen una y otra vez en las enseñanzas de los apóstoles. Veamos el progreso del pensamiento de Pablo en Romanos 1-4.

Primero, Pablo les dice a sus lectores que es a Dios a quien deben rendir cuentas. Después de sus puntos introductores en Romanos 1:1-17, Pablo comienza su presentación del evangelio declarando que *"la ira de Dios ha sido manifestada desde el cielo"* (v. 18). Con sus primeras palabras, Pablo insiste que la humanidad no es autónoma. No nos hicimos a nosotros mismos, y no somos auto-dependientes ni auto-justificables. No, es Dios quien creó el mundo y todo lo que hay en él, incluyendo a la humanidad. Y porque él nos creó, Dios tiene el derecho de demandar nuestra adoración hacia él. Mire lo que Pablo dice en el verso 21: *"Pues habiendo conocido a Dios, no le glorificaron como a Dios, ni le dieron gracias, sino que se envanecieron en sus razonamientos, y su necio corazón fue entenebrecido".*

Esta es la acusación de Pablo a la humanidad: Han pecado al no haber honrado ni dado gracias Dios. Es nuestra obligación, como gente creada y adueñada por Dios, el darle el honor y la gloria que le pertenecen, y vivir, hablar, actuar, y pensar de una manera tal que reconozca y acepte su autoridad sobre nosotros. Somos hechos por él, le pertenecemos, dependemos de él, y por lo tanto debemos rendirle cuentas. Ese es el primer punto que Pablo elabora mientras explica las buenas nuevas del cristianismo.

Segundo, Pablo les dice a sus lectores que su problema es que se han rebelado contra Dios. Ellos–junto con todos los demás–no honraron a Dios ni le dieron gracias como era debido. Su necio corazón fue entenebrecido *"y cambiaron la gloria del Dios incorruptible en semejanza de imagen de hombre corruptible, de aves, de cuadrúpedos y de reptiles"*(v. 23). Esa es una imagen muy repugnante, ¿No es cierto? Que los seres humanos consideren a su Creador y después decidan que una imagen de madera o de metal de una rana o de un pájaro o inclusive de ellos mismos es más gloriosa, más satisfactoria, es el colmo del insulto y la rebelión contra Dios. Esta es la raíz y la esencia del pecado, y sus resultados son de igual manera horribles.

En los siguientes tres capítulos, Pablo enfatiza este punto constantemente, acusando a toda la humanidad como pecadores delante de Dios. En el capítulo 1 su enfoque es en los Gentiles, y luego en el capítulo 2 acusa con la misma fuerza a los judíos. Es como si Pablo supiera que el más santurrón de los judíos estaría aplaudiendo sus azotes a los Gentiles, así que da media vuelta y en Romanos 2:1 apunta su dedo acusador a los que aplauden: "Por lo cual eres *inexcusable*". Así como los Gentiles, dice Pablo que los judíos han roto la ley de Dios y están bajo su juicio.

Para la mitad del capítulo 3, Pablo ha acusado a toda persona en el mundo de rebelión contra Dios. "Ya hemos acusado a judíos y a gentiles, que todos están bajo pecado" (v. 9). Y su conclusión reflexiva es que cuando estemos delante de Dios el Juez, toda boca será silenciada. Nadie podrá defenderse. Ni si quiera una excusa será otorgada. Todo el mundo –Judíos, Gentiles, y cada uno de nosotros– será responsable de su vida delante de Dios (v. 19).

Ahora, hablando sinceramente, estos primeros dos puntos no son para nada buenas noticias. De hecho, son muy *malas* noticias. El hecho de que me he rebelado en contra de un Dios que es santo y justo, y que aparte me creó, no es un pensamiento feliz. Pero es importante, porque prepara el camino de las buenas noticias. Eso tiene sentido si piensa en ello. Que alguien le diga, "¡Vengo a salvarte!" no es una buena noticia a menos de que usted esté convencido totalmente que necesita ser salvo.

Tercero, P*ablo dice que la solución de Dios para el pecado de la humanidad es la muerte sacrificial y resurrección de Jesucristo.* Habiendo explicado las malas noticias del apuro en el que estamos como pecadores delante de un Dios justo, Pablo introduce las buenas noticias, el *evangelio* de Jesucristo.

"Pero ahora", dice Pablo, a pesar de nuestro pecado, *"ahora, aparte de la ley, se ha manifestado la justicia de Dios"* (v. 21). En otras palabras, existe una manera para los seres humanos para que sean contados como justos delante de Dios en vez de injustos, para ser declarados inocentes en vez de culpables, para ser justificados en vez de condenados. Y no tiene nada que ver con actuar mejor o vivir una vida más santurrona. Esta justicia viene "aparte de la ley".

Así que, ¿Cómo funciona? Pablo lo explica plenamente en Romanos 3:24. A pesar de nuestra rebelión contra Dios, y de nuestra situación tan desesperanzada, podemos ser *"justificados gratuitamente por su gracia, mediante la redención que es en Cristo Jesús".* A través de la muerte sacrificada y resurrección de Jesucristo–por su sangre y por su vida– los pecadores podemos ser salvos de la condenación que merecen nuestros pecados.

Pero hay una pregunta más que Pablo responde. Cómo exactamente se convierte esto en buenas noticias para mí? ¿Cómo llego a formar parte de esta salvación prometida?

Finalmente, Pablo les dice a sus lectores cómo ellos mismos pueden ser incluidos en esta salvación. De esto escribe desde el final del capítulo 3 hasta el capítulo 4. La salvación que Dios ha provisto viene *"por medio de la fe en Cristo Jesús",* y es *"para todos los que creen"* (3:22). Entonces, ¿Cómo es que esta salvación se convierte en buenas noticias para *mí* y no solo para los demás? ¿Cómo es que me incluyo en este plan? Creyendo en Jesucristo. Confiando en él y en nadie más para salvarme. *"Mas al que no obra, sino cree en aquel que justifica al impío, su fe le es contada por justicia"* (4:5).

Cuatro Preguntas Cruciales

Ahora, habiendo analizado el argumento de Pablo en Romanos 1-4, podemos ver que en el corazón de su proclamación del evangelio se encuentran cuatro preguntas cruciales:

¿Quién nos hizo y a quién debemos rendir cuentas?

¿Cuál es nuestro problema? En otras palabras, ¿Estamos en aprietos? ¿Por qué?

¿Cuál es la solución de Dios al problema? ¿Qué es lo que Dios ha hecho para salvarnos?

¿Cómo es que yo –aquí y ahora– puedo ser parte de esta salvación? ¿Qué es lo que hace que estas buenas noticias sean para mí y no solamente para los demás?

Podríamos resumir estos cuatro puntos de la siguiente forma:
Dios, hombre, Cristo, y respuesta.

Por supuesto que Pablo prosigue a mostrar una infinidad de otras promesas que Dios ha hecho para con los que son salvos en Cristo, y muchas de esas promesas pueden ser identificadas muy apropiadamente como parte de las buenas nuevas del Cristianismo, el evangelio de Jesucristo. Pero es crucial que comprendamos desde el principio que todas estas grandes promesas dependen y fluyen de estas cuatro preguntas. Esas promesas les pertenecen solamente a aquellos que han sido perdonados de su pecado a través de la fe en el Cristo crucificado y resucitado. Es por eso que Pablo, cuando presenta el corazón del evangelio, empieza aquí–con estas cuatro verdades cruciales.

El Evangelio en el Resto del Nuevo Testamento

No es solamente Pablo quien hace esto. Conforme leo los escritos de los apóstoles en el Nuevo Testamento, me doy cuenta que estas mismas cuatro preguntas son contestadas una y otra vez. Sin importar qué otras cosas están diciendo, estas cuatro preguntas residen en el corazón de su presentación del evangelio. Los contextos cambian, las perspectivas cambian, las palabras cambian, los enfoques cambian, pero de alguna u otra manera los primeros cristianos *siempre* llevan al lector a estos cuatro dilemas: Somos responsables ante el Dios que nos creó. Hemos pecado en contra de Dios y seremos juzgados. *Pero* Dios ha actuado en Jesucristo para salvarnos, y nos apropiamos de esa salvación mediante el arrepentimiento de nuestros pecados y de la fe en Jesucristo:

Dios. Hombre. Cristo. Respuesta.

Veamos otros pasajes en el Nuevo Testamento donde el evangelio de Jesús es resumido. Por ejemplo las palabras famosas de Pablo en 1 Corintios 15:

> *Además os declaro, hermanos, el evangelio que os he predicado, el cual también recibisteis, en el cual también perseveráis; por el cual asimismo, si retenéis la palabra que os he predicado, sois salvos, si no creísteis en vano. Porque primeramente os he enseñado lo que asimismo recibí: Que Cristo murió por nuestros pecados, conforme a las Escrituras; y que fue sepultado, y que resucitó al tercer día, conforme a las Escrituras; y que apareció a Cefas, y después a los doce* (v. 1-5).

¿Alcanza a ver la estructura central del pasaje? Pablo no es tan exhaustivo como lo es en Romanos 1-4, pero los contornos principales aún son muy claros. Los seres humanos están en problemas, hundidos en "nuestros pecados" y en necesidad de ser "salvos" (de forma implícita pero obvia, salvación del juicio de Dios). Pero la salvación viene de esto: "Cristo murió por nuestros pecados...fue sepultado...y resucitó". Y todo esto se obtiene "si retenéis la palabra que os he predicado", creyendo verdaderamente y no en vano. Así que ahí está: Dios, hombre, Cristo, respuesta.

Aún en los sermones escritos en el libro de Hechos, este contorno central del evangelio es claro. Cuando Pedro le dice a la gente en Pentecostés lo que deben hacer en respuesta a sus proclamaciones de la muerte y resurrección de Jesús, él les dice, "arrepentíos, y bautícese cada uno de vosotros, en el nombre de Jesucristo para perdón de los pecados" (Hechos 2:38). De nuevo, la exhortación de Pedro no es muy elaborada, y el juicio de Dios es otra vez implícito, pero sigue estando ahí de igual forma. El problema: usted necesita a Dios para perdonar sus pecados, y que no lo juzgue por ellos. La solución: la muerte y resurrección de Jesucristo, de las cuales Pedro ha hablado extensamente en su sermón. La respuesta necesaria: arrepentimiento y fe, evidenciándose por medio del bautismo.

En otro sermón de Pedro, en Hechos 3:18-19, estas cuatro verdades cruciales son nuevamente obvias:

> *Pero Dios ha cumplido así lo que había antes anunciado por boca de todos sus profetas, que su Cristo había de padecer. Así que, arrepentíos y convertíos, para que sean borrados vuestros pecados; para que vengan de la presencia del Señor tiempos de refrigerio.*

Problema: usted necesita que sus pecados sean borrados, no juzgados por Dios. Solución: Cristo padeció. Respuesta: Arrepentíos y convertíos a Dios con fe.

O considere a Pedro predicando el evangelio a Cornelio y a su familia:

> *Y nosotros somos testigos de todas las cosas que Jesús hizo en la tierra de Judea y en Jerusalén; a quien mataron colgándole en un madero. A éste levantó Dios al tercer día, e hizo que se manifestase; no a todo el pueblo, sino a los testigos que Dios había ordenado de antemano, a nosotros que comimos y bebimos con él después que resucitó de los muertos. Y nos mandó que predicásemos al pueblo, y testificásemos que él es el que Dios ha*

> *puesto por Juez de vivos y muertos. De éste dan testimonio todos los profetas, que todos los que en él creyeren, recibirán perdón de pecados por su nombre.* (Hechos 10:39-43)

Perdón de pecados. A través del nombre de aquel quien fue crucificado y resucitado. Para todo aquel que cree.

Pablo, también predica el mismo evangelio en Hechos 13:
Sabed, pues, esto, varones hermanos: que por medio de él se os anuncia perdón de pecados, y que de todo aquello de que por la ley de Moisés no pudisteis ser justificados, en él es justificado todo aquel que cree. (v. 38-39)

De nuevo, el patrón reconocible es Dios, hombre, Cristo, y respuesta. Usted necesita que Dios le otorgue "perdón de pecados". Eso sucede "por medio de Jesús", y es para "todo aquel que cree".

Explicando las Verdades Cruciales en una Variedad de Formas

Obviamente esta estructura de Dios-hombre-Cristo-respuesta no es una fórmula incondicional. Los apóstoles no necesariamente ven estos puntos como una receta cuando proclaman el evangelio. Ellos explican estos cuatro puntos de forma diversa dependiendo del contexto, el tiempo que tienen para predicar, y quién está incluido en su audiencia. En ocasiones, algunos de estos puntos están implícitos en vez de explícitos– especialmente el hecho de que es a Dios a quien debemos rendir cuentas y en quien encontramos el regalo del perdón. Pero una vez más, ese es un concepto que ya estaba plantado profundamente en las mentes de los judíos a quienes los apóstoles se dirigían con mayor frecuencia.

Por otro lado, cuando Pablo les habla a un grupo de filósofos paganos en el Areópago, empieza justo en el principio, con Dios mismo. El sermón de Pablo en Hechos 17 es frecuentemente citado como un modelo de cómo predicar las buenas nuevas a una cultura pagana. Pero hay algo muy interesante e inusual acerca de ese sermón. Si lo analiza con cuidado se dará cuenta que Pablo no está realmente proclamando las buenas nuevas de Cristo en lo absoluto, ¡sino sólo las malas noticias!

"Déjenme decirles acerca de este Dios no conocido a quien le han rendido un altar", comienza Pablo. Luego les explica en los versos 24-28 que hay un Dios, y que este Dios hizo el mundo, y nos llama a adorarle. Habiendo establecido eso, prosigue en el verso 29 a explicar el concepto del pecado y su raíz en la adoración de cosas creadas en lugar de Dios. Además les dice que Dios juzgará a sus oyentes "por aquel varón a quien designó", un hombre a quien Dios levantó de los muertos (v. 31)

¡Y después se detiene! Mire de cerca. No hay mención alguna del perdón, o de la cruz, o de la promesa de la salvación– ¡Solamente una declaración de lo que Dios demanda, y una proclamación de la resurrección como prueba de su juicio venidero! ¡Pablo ni si quiera menciona el nombre de Jesús!

Entonces, ¿Qué está pasando aquí? ¿No está predicando Pablo el *evangelio* aquí? Bueno, no, no en ese preciso momento. No hay evangelio, no hay buenas noticias en su sermón público. Las nuevas que Pablo ofrece son todas malas noticias. Pero observe los versos 32-34, donde la Biblia dice que los hombres querían escuchar a Pablo una vez más, y que algunos eventualmente creyeron. Aparentemente, Pablo predicó las *buenas* nuevas–que pecadores pueden ser salvos del juicio venidero– en algún otro momento, tal vez en público, tal vez en privado.

Así como los otros apóstoles, Pablo era perfectamente flexible para presentar las verdades fundamentales del evangelio en diferentes maneras. Pero lo que en verdad importa y debemos aprender es que *si existían* ciertas verdades fundamentales del evangelio, y de los sermones y cartas preservadas hasta el día de hoy podemos tener una muy buena idea de cuáles eran y son esas verdades. En Romanos, en 1 Corintios, en los sermones de Hechos, y en el resto del Nuevo Testamento, los primeros cristianos estructuraban su declaración de buenas nuevas alrededor de unas cuantas verdades críticas.

Primero las malas noticias: Dios es su Juez, y usted ha pecado en contra de él. Y después el evangelio: pero Jesús ha muerto para que muchos pecadores sean perdonados de sus pecados si se arrepienten y creen en él.

CAPÍTULO DOS

DIOS EL CREADOR JUSTO

Permítame presentarle *a dios. (Fíjese en la minúscula).*

Le aconsejo hablar suave mientras entramos. Puede que esté dormido en este momento. Mire que él está ya viejo, y no entiende ni le gusta este mundo tan moderno. Su época de oro–de la que habla cuando está emocionado–fue hace mucho tiempo, antes de que la mayoría de nosotros hubiera nacido. Se trata de aquellos tiempos cuando a la gente le importaba lo que él pensaba de las cosas, y lo consideraban alguien muy importante en sus vidas.

Claro, todo eso ha cambiado ahora, y el pobrecito dios simplemente nunca se adaptó muy bien. La vida siguió su curso y lo dejó atrás. Ahora dios pasa la mayoría de su tiempo en el jardín trasero. A veces voy allá para verlo, y ahí nos tomamos nuestro tiempo, caminando y hablando suave y cariñosamente entre las rosas...

De todos modos, parece que mucha gente aún lo quiere, o al menos se las arregla para mantener su porcentaje de aprobación bastante alto. Y le sorprendería cuánta gente se detiene a visitarlo y preguntarle cosas de vez en cuando. Pero eso no le incomoda. Él está aquí para ayudar.

Gracias al cielo, todo esa irritabilidad de la que usted lee en sus viejos libros, por ejemplo, cuando la tierra se abrió y consumió a unas personas, o cuando llovió fuego en varias ciudades, ese tipo de cosas–todo eso parece haberse desvanecido en su época de antaño. Ahora dios es un buen amigo, de esos amigos a los que no se les invierte tanto tiempo, y además es fácil establecer una conversación con él–especialmente desde que ya casi no habla, y cuando lo hace es para decirme mediante una "señal" extraña que está de acuerdo con lo que yo quiero hacer. Esa es la mejor clase de amigo, ¿No es cierto?

¿Pero sabe qué es lo que lo hace aún mejor? Que no me juzga. Nunca, por nada. Claro, yo sé en el fondo de mi corazón que él desea que sea un mejor hombre–más amoroso, menos egoísta, y todo eso–pero es realista. Él sabe que soy humano y que nadie es perfecto. Y estoy totalmente seguro que nada de eso le molesta. Además, perdonar gente es parte de su trabajo. Para eso está. Después de todo, él es amor, ¿verdad? Y a mí me gusta pensar en el amor como el "nunca juzgar, sólo perdonar". Ese es el dios que yo conozco. Y la verdad no quiero a ningún otro.

Está bien, espere un momento... De acuerdo, ahora si podemos entrar. Y no se preocupe, no nos tenemos que quedar por mucho tiempo. De verdad. Él está agradecido por cada minuto que le damos.

Suposiciones acerca de Dios

Bueno, es cierto, esta pequeña historieta se fue al extremo de lo ridículo. Pero me pregunto si realmente está tan alejada de lo que mucha gente piensa acerca de Dios, inclusive aquellos que se llaman a sí mismos Cristianos. Para la mayoría, Dios es como un abuelo amable, bueno, un poco aturdido y necesitado, pero muy amoroso, con deseos pero no demandas, y puede ser ignorado tranquilamente si no tiene tiempo para él, y es muy, muy, muy comprensible del hecho de que los seres humanos cometen errores. De hecho, es mucho más comprensible que el resto de nosotros.

Antes, ocurría que aun cuando muchas personas no se referían a sí mismas como Cristianas, tenían un entendimiento básico de la enseñanza Bíblica acerca de Dios y de su carácter. Era parte de la atmósfera que la gente respiraba, y–así como los apóstoles lo hicieron con sus amigos judíos– usted podía hacer muchas suposiciones acerca de lo que la gente sabía cuando se les presentaba el evangelio.

Eso ya no es verdad ahora, al menos en la mayor parte del mundo. Yo crecí en una pequeña ciudad al Este de Texas, y la mayoría de las veces, contarle a alguien acerca del evangelio significaba ensayar un mensaje que ya habían escuchado mil veces. Por otro lado, cuando fui a la universidad en New Haven, Connecticut, era un mundo diferente. De pronto estaba rodeado de gente que no había crecido escuchando acerca de Dios, y que desde un principio me retaba a debatir. Recuerdo la primera vez que conocí a alguien que al escucharme mencionar a Dios en la conversación, dijo, "Tienes que estar bromeando. ¿Realmente crees eso?" Y después se río.

Ese episodio se repitió docenas de veces durante los siguientes años, y eventualmente aprendí a tan solo decir "Sí, lo creo". Pero también aprendí muy rápido que no puedo hacer suposiciones de lo que la gente cree acerca de Dios. Si voy a proclamar el evangelio de Dios hoy en día, voy a tener que empezar desde el principio–con Dios mismo.

Claro, usted podría (y debería) pasar toda una vida estudiando lo que Dios nos ha revelado acerca de sí mismo, y no tiene que decir todo lo que sabe acerca de Dios para presentar el evangelio fielmente. Pero hay ciertas verdades acerca de Dios que una persona tiene que entender para poder comprender lo que está sucediendo en las buenas nuevas del Cristianismo. Piense en esto como si fueran las buenas nuevas que están antes de las malas nuevas que están antes de las Buenas Nuevas.

Hay que tener en claro dos puntos desde el principio–que Dios es Creador, y que él es santo y justo.

Dios el Creador

El comienzo del mensaje del Cristianismo–de hecho el comienzo de la Biblia Cristiana–es que *"Dios creó los cielos y la tierra".* Todo comienza en ese punto, y como una flecha lanzada por un arquero desatinado, si nos equivocamos en este punto, como consecuencia todo lo que venga después también estará erróneo.

El libro de Génesis comienza narrando la historia de Dios creando el mundo: sus montañas y valles, animales y peces, aves y reptiles, todo. Dios también creó el resto del universo: las estrellas y la luna, los planetas y las galaxias. Todo ello existe por medio de la palabra hablada de Dio y todo vino de la nada. No es que Dios haya tomado algún material pre-existente y lo moldeó como barro para hacer todas las diversas cosas que vemos en este mundo. No, Génesis nos dice que él habló, y fue hecho. "¡Hágase la luz!", dijo. Y se hizo la luz.

Muchos pasajes bíblicos nos dicen cómo la creación testifica de la gloria y el poder de Dios. *"Los cielos cuentan la gloria de Dios",* dice el Salmo 19:1. *"Y el firmamento la obra de sus manos".* Pablo dice en Romanos 1:20 que *"las cosas invisibles de él, su eterno poder y deidad, se hacen claramente visibles desde la creación del mundo".* Si alguna vez usted se ha detenido a la orilla de algún cañón y ha visto las aves deslizarse enfrente de usted y ha sentido las nubes al alcance de sus manos, o si alguna vez ha estado en un campo abierto bajo una majestuosa tormenta, entonces conoce de lo que Pablo está hablando. Hay algo acerca de la grandeza de la creación que le susurra al corazón humano diciendo, "¡No eres el todo de lo que existe!".

La historia de la creación se expande en cuanto a importancia y enfoque conforme pasan los días. Primero fue la creación de la luz, luego del mar, luego la tierra, luego la luna y el sol, luego las aves y peces y animales, y después en el pináculo de la creación de Dios–el hombre y la mujer.

> *"Entonces dijo Dios: Hagamos al hombre a nuestra imagen, conforme a nuestra semejanza; y señoree en los peces del mar, en las aves de los cielos, en las bestias, en toda la tierra, y en todo animal que se arrastra sobre la tierra. Y creó Dios al hombre a su imagen, a imagen de Dios lo creó; varón y hembra los creó".*
>
> (Génesis 1:26-27)

Sin importar cualquier cosa que usted piense sobre la historia de la creación, las implicaciones de esta declaración–que Dios creó el mundo y especialmente que Dios lo creó a usted–son enormes. El hecho de que la tierra no es un fin en sí misma, sino que brotó de la mente, palabra, y mano de Alguien Más es una idea revolucionaria, especialmente en nuestros días. Contrario al nihilismo que predomina en el pensamiento humano, esto significa que todo en el universo tiene un propósito–incluyendo a los seres humanos. No somos el resultado del azar y mutaciones genéticas, o de intercambio de materiales, o de accidentes de cromosomas. ¡Somos criaturas! Todos nosotros somos el resultado de una idea, un plan, y una acción de Dios mismo. Y eso conlleva dos cosas para la vida humana: significado y responsabilidad (Génesis 1:26-28).

Nadie de nosotros es autónomo, y entender ese concepto es clave para comprender el evangelio. A pesar de nuestras pláticas constantes de la libertad y el derecho, realmente no somos tan libres como quisiéramos. Somos creados. Somos hechos. Y por lo tanto, tenemos dueño.

Porque el nos creó, Dios tiene el derecho de decirnos cómo debemos vivir. Así que en el jardín del Edén, le dijo a Adán y a Eva de cuáles árboles podían tomar frutos para comer, y de cuáles no (Génesis 2:16-17). No es que Dios estuviera actuando como un niño ensimismado, molestando a su hermano pequeño con reglas arbitrarias para ver que sucedía. No, la Biblia dice que Dios es bueno. Él sabía lo que era mejor para su pueblo, y les dio reglas que los preservarían y aumentarían su felicidad y bienestar.

Cierto grado de entendimiento de esto es absolutamente necesario si una persona quiere entender las buenas nuevas del Cristianismo. El evangelio es la respuesta a las malas noticias del pecado, y el pecado es el rechazo del hombre a los derechos y autoridad que Dios el Creador tiene sobre él. Así que la verdad fundamental de la existencia humana, la fuente de donde fluye todo lo demás, es que Dios nos creó, y por lo tanto, le pertenecemos a él.

El Dios Santo y Justo

Si usted pudiera describir el carácter de Dios en tan sólo unas palabras, ¿Qué diría? ¿Que es amoroso y bueno? ¿Que es compasivo y perdonador? Todo eso es verdad. Cuando Moisés le pidió a Dios que le mostrara su gloria y que le dijera su nombre, esto es lo que Dios dijo:

Y pasando Jehová por delante de él, proclamó: ¡Jehová! ¡Jehová! fuerte, misericordioso y piadoso; tardo para la ira, y grande en misericordia y verdad; que guarda misericordia a millares, que perdona la iniquidad, la rebelión y el pecado. (Éxodo 34:6-7)

¡Cuán maravilloso es eso! Cuando Dios quiere decirnos su nombre y mostrarnos su gloria–que realmente es mostrarnos su mismo corazón– ¿Qué es lo que dice? Que es amoroso y compasivo, tardo para la ira y abundante en amor.

Pero hay algo más en este pasaje que generalmente es dejado a un lado, y no es muy reconfortante. ¿Sabe usted que es lo que le dijo Dios a Moisés justo después de decirle que es un Dios compasivo y amoroso?

"y que de ningún modo tendrá por inocente al malvado" (v. 7)

Mire otra vez ese pasaje, porque contradice lo que alrededor del 90 por ciento de la gente hoy en día piensa que sabe acerca de Dios. El Dios amoroso y compasivo de ningún modo tendrá por inocente al malvado.

Una percepción común acerca de Dios es que es parecido a un conserje inescrupuloso. En vez de realmente lidiar con la basura del mundo–su pecado, maldad, y perversidad–tan sólo la barre y la coloca debajo de la alfombra, la ignora, y espera que nadie lo note. De hecho, mucha gente no puede concebir a un Dios que haga otra cosa más que esto. "¿Dios me juzgará por mi pecado?", dicen ellos. "¿Castigarme por mi maldad? Claro que no. Eso no sería amoroso".

Veremos más adelante cómo es que esta aparente contradicción impenetrable en Éxodo 34:6-7 (un Dios "que guarda misericordia a millares, que perdona la iniquidad, la rebelión y el pecado" y aun así "de ningún modo tendrá por inocente al culpable") se resuelve en la muerte de Jesús en la cruz. Pero antes de llegar ahí, debemos entender que a pesar de todas las opiniones contrarias, el amor de Dios no cancela su justicia y juicio.

La Escritura proclama una y otra vez que nuestro Dios es un Dios de justicia perfecta y de juicio incuestionable. El Salmo 11:7 dice,

"Porque Jehová es justo,
y ama la justicia"

El Salmo 33:5 declara, *"Él ama la justicia y juicio".* Y dos salmos van más allá diciendo, *"Justicia y juicio son el cimiento de tu trono"* (Salmo 89:14, 97:2). ¿En verdad ve lo que estos versículos están diciendo? El reinado de Dios sobre el universo, su señorío soberano sobre la creación, está fundado sobre su eterna justicia y su perfecto juicio.

Es por eso que la idea de Dios como un conserje inescrupuloso es a fin de cuentas muy insatisfactoria. Hace que Dios sea injusto y sin juicio. Lo convierte en un dios que simplemente esconde el pecado–o inclusive se esconde del pecado–en lugar de confrontarlo y destruirlo. Lo convierte en un cobarde moral.

¿Y quién quiere un Dios así? Siempre es interesante observar lo que sucede cuando la gente que insiste que Dios nunca los juzgará por sus pecados se enfrenta con un mal innegable. Confrontados por un mal horroroso, entonces quieren al Dios de justicia–y lo quieren ya. Quieren que Dios pase por alto sus pecados pero no el de los terroristas. "Perdóname", dicen ellos, "¡Pero no te atrevas a perdonarlo a él!" ¡Se da cuenta?, Nadie quiere a un Dios que rehúse lidiar con el mal. La gente sólo busca un Dios que rehúse lidiar con su propio mal.

Por otro lado, la Escritura nos dice que debido a que Dios es perfectamente justo, él lidiará decisivamente con todo mal. Habacúc 1:13 dice,

Muy limpio eres de ojos para ver el mal;
ni puedes ver el agravio.

Hacer eso significaría renunciar al mismo cimiento de su trono. Aún más, sería renunciar a su mismo Ser, y eso jamás lo hará.

Mucha gente no tiene problema alguno en concebir a un Dios amoroso y compasivo. Nosotros los cristianos hemos hecho un trabajo dañino al convencer al mundo de que Dios les ama incondicionalmente. Pero si vamos a entender cuán glorioso y abundante es el evangelio de Jesucristo, necesitamos entender que éste Dios compasivo y amoroso es también santo y justo, y que está determinado a nunca pasar por alto, ignorar, o tolerar el pecado.

Incluyendo el nuestro. Y por supuesto, esto nos lleva a las malas noticias.

CAPÍTULO TRES

EL HOMBRE PECADOR

Recién pagué una multa el otro día. Fue muy fácil. Leí el cargo en mi contra, leí el reverso de la multa y señalé la marca que decía "soy culpable de los cargos arriba mencionados", después hice un cheque por $35 dólares a nombre del Departamento de Tráfico Metropolitano, sellé el sobre, y lo coloqué en el buzón del correo.

Soy un criminal cumpliendo una pena.

Sin embargo, aunque marqué que era culpable de la multa, la verdad es que no me siento grandemente culpable. No voy a perder el sueño por causa de no haber quebrantado la ley. No siento la necesidad de pedirle perdón a nadie, y ahora que lo pienso, hasta me siento un poquito enojado porque la multa fue $10 dólares más cara que la anterior.

¿Por qué será que no me siento mal después de quebrantar la ley? Supongo que es porque al final de cuentas, cometer una infracción vehicular no me parece muy importante–o muy terrible. Sí, la próxima vez me aseguraré de tener el cinturón puesto, pero mi conciencia no está atribulada por todo esto.

Algo que he notado a lo largo de los años es que la mayoría de la gente piensa acerca del pecado, especialmente del suyo propio, como si fuera una multa de tránsito. "Si, por supuesto", pensamos, "técnicamente el pecado es una violación de la ley escrita por el Dios de los cielos, y todo eso, pero él seguramente sabe que hay peores criminales que yo. Además, nadie salió herido, y estoy dispuesto a pagar la multa. Y vamos–no hay necesidad de una investigación a fondo sobre algo así, ¿Verdad?"

Bueno, supongo que no, no si usted piensa del pecado en esa manera tan fría. Pero de acuerdo a la Biblia, el pecado es mucho más que sólo una violación de alguna regulación de tráfico impersonal, arbitraria, y celestial. Es más bien romper una relación, y todavía más, es un rechazo hacia Dios mismo—es un repudio del reino, cuidado, y autoridad de Dios, así como de su derecho de mandar sobre aquellos a quienes les dio vida. En pocas palabras, es una rebelión de las criaturas en contra de su Creador.

¿Qué Fue Lo Que Salió Mal?

Cuando Dios creó a la raza humana, su intención era que vivieran en un perfecto gozo bajo su reino, adorándole, obedeciéndole, y por tanto, viviendo en una comunión inquebrantable con él. Como vimos en el último capítulo, Dios creó al hombre y a la mujer a su propia imagen, esto significa que ellos debían de ser como él, estar en relación con él, y también declarar su gloria a todo el mundo. Además, Dios tenía un trabajo para los humanos. Ellos debían ser sus vice-rectores, gobernando este mundo. *"Fructificad y multiplicaos",* les dijo Dios, *"llenad la tierra, y sojuzgadla, y señoread en los peces del mar, en las aves de los cielos, y en todas las bestias que se mueven sobre la tierra"* (Génesis 1:28).

Sin embargo, el dominio del hombre y la mujer sobre la creación no era un fin en sí mismo. Su autoridad no era propia; les fue dada por Dios. Así que, aún cuando Adán y Eva ejercían dominio sobre la tierra, debían recordar que estaban sujetos a Dios y que estaban bajo su gobierno. Dios los había creado, y por ende, él tenía el derecho de estar al mando.

El árbol del conocimiento del bien y el mal que Dios había plantado en el centro del jardín, era un fuerte recordatorio de esto (Gen. 3:17). Cuando Adán y Eva vieran el árbol y miraran su fruto, debían recordar que su autoridad estaba limitada, debían recordar que eran criaturas, y que aún sus propias vidas dependían de Dios. Ellos tan sólo eran mayordomos. Él era el Rey.

Entonces, cuando Adán y Eva comieron del fruto, no sólo estaban violando un mandamiento arbitrario, "No comas del fruto". No, ellos estaban haciendo algo más triste y más serio. Estaban rechazando la autoridad de Dios sobre ellos y estaban declarando su independencia de él. Adán y Eva querían ser lo que la Serpiente les había prometido, ser "igual a Dios", así que ambos se aferraron a lo que pensaban que era una oportunidad de deshacerse de la vice-rectoría y tomar la corona. En todo el universo, sólo había una cosa que Dios no había puesto debajo de los pies de Adán: Dios mismo. Y aún así, Adán decidió que este arreglo no era lo suficientemente bueno para él, así que se rebeló.

Lo peor de todo esto es que al desobedecer el mandamiento que se les había dado, Adán y Eva tomaron una decisión consciente de rechazar a Dios como Rey. Ellos sabían cuáles eran las consecuencias si desobedecían. Dios les había dicho en términos muy claros que si comían del fruto "ciertamente" morirían (Génesis 2:17). Por encima de todo, lo que esto significaba era que tendrían que ser expulsados de la presencia de Dios y se convertirían en sus enemigos, en vez de gozosamente ser sus amigos y súbditos (Gen. 2:17). Pero a ellos no les importó. Adán y Eva intercambiaron el favor de Dios por la búsqueda de su propio placer y su propia gloria.

La Biblia llama a esta desobediencia de los mandatos de Dios (sea en palabra, pensamiento, o hecho) "pecado". Literalmente, la palabra significa "errar el blanco", pero el significado bíblico del pecado es mucho más profundo. No es como si Adán y Eva estuvieran esforzándose arduamente en guardar los mandamientos de Dios y simplemente no dieron en el blanco por cuestión de unos cuantos centímetros. No, ¡La realidad es que estaban apuntando en la dirección opuesta! Ellos tenían metas y deseos que eran categóricamente opuestos a lo que Dios deseaba para ellos, así que cayeron en pecado. Deliberadamente violaron los mandatos de Dios, rompieron su relación con él, y lo rechazaron como su Señor legítimo.

Las consecuencias del pecado de Adán y Eva eran desastrosas para ellos, para sus descendientes, y para el resto de la creación. Ellos mismos fueron expulsados del idílico jardín del Edén. La tierra ya no daría sus frutos y tesoros voluntaria y gozosamente. Ahora tendrían que trabajar dura y dolorosamente para conseguirlos. Aún peor, Dios ejecutó sobre ellos la sentencia de muerte que había prometido. Por supuesto, no murieron inmediatamente. Sus cuerpos siguieron viviendo, sus pulmones siguieron respirando, sus corazones palpitando, y sus labios hablando. Pero su vida espiritual, la cual tiene mayor importancia, terminó inmediatamente. Su comunión con Dios se rompió, y como resultado sus corazones se marchitaron, sus mentes se llenaron de pensamientos egoístas, sus ojos se oscurecieron ante la belleza de Dios, y sus almas se secaron y se hicieron áridas, completamente vacías de esa vida espiritual que Dios les había dado en el principio, cuando todo era bueno.

No Sólo Ellos, sino Nosotros

La Biblia nos dice que no solamente Adán y Eva son culpables de pecado. Todos somos culpables. Pablo dice en Romanos 3:23, *"Por cuanto todos pecaron, y están destituidos de la gloria de Dios".* Y unos cuantos párrafos antes dijo, *"No hay justo, ni aún uno"*(3:10).

El evangelio de Jesucristo está lleno de piedras de tropiezo, y creo que esta es una de las más grandes. Esta idea de que los seres humanos son fundamentalmente pecadores y rebeldes no es solamente escandalosa, sino repugnante para los corazones que tercamente piensan de ellos mismos como básicamente buenos y auto-suficientes.

Es por eso que es absolutamente crucial que entendamos la naturaleza y la profundidad de nuestro pecado. Si nos acercamos al evangelio pensando que el pecado es algo más o algo menos a lo que en realidad es, malinterpretaremos terriblemente las buenas nuevas de Jesucristo. Permítame darle unos cuantos ejemplos de cómo los cristianos malinterpretan el pecado.

CONFUNDIENDO EL PECADO CON LOS EFECTOS DEL PECADO

Está de moda el presentar el evangelio diciendo que Jesús vino a salvar a la humanidad de un sentimiento innato de culpa o despropósito o vaciedad. Ahora bien, esas cosas por supuesto que son un problema, y mucha gente las siente profundamente. Pero la Biblia enseña que el problema fundamental de la humanidad–el problema del que necesitamos ser salvos–no es el despropósito, o la falta de integridad en nuestras vidas, o inclusive un sentimiento desgastador de culpa. Esos son tan sólo los síntomas de un problema más profundo: nuestro pecado. Lo que necesitamos entender es que el aprieto en el que nos encontramos, es un aprieto que nosotros mismos creamos. Hemos desobedecido la palabra de Dios. Hemos ignorado sus mandamientos. Hemos pecado en contra de él.

Hablar de la salvación del despropósito o de la vaciedad sin señalar hacia la raíz que las causa puede provocar que la medicina sea tomada con mayor facilidad, pero es la medicina incorrecta. Le permite a una persona el continuar pensando de sí misma como una víctima sin lidiar realmente con el hecho de que él mismo es un criminal injusto que merece el juicio de Dios.

REDUCIENDO EL PECADO A UNA RELACIÓN ROTA

Las relaciones son una categoría importante en la Biblia. Los seres humanos fueron creados para vivir en comunión con Dios. Sin embargo, lo que debemos recordar es que era una relación en *específico* en la que estos debían vivir: no una relación entre dos individuos iguales donde la ley, el juicio, y el castigo no tienen cabida, sino la relación entre un Rey y sus súbditos.

Muchos cristianos hablan del pecado como si fuera un pequeño disgusto entre Dios y el hombre, y que lo que se necesita es que nosotros simplemente nos disculpemos y aceptemos el perdón de Dios. Sin embargo, esa imagen del pecado como si fuera una discrepancia entre dos enamorados, distorsiona la relación real que tenemos con Dios. Esa imagen comunica que no hay quebrantamiento de ley, ni violación de la justicia, ni castigo justo, ni juicio santo, y por ende, tampoco hay necesidad de que un sustituto cargara con el juicio.

La enseñanza Bíblica es que el pecado *sí* es un rompimiento de una relación con Dios, pero esa relación rota consiste en un rechazo de su majestad real. No es *sólo* adulterio (aunque si es eso), también es rebelión. No es *sólo* deslealtad; también es *traición*. Si reducimos el pecado a un mero rompimiento de una relación, en lugar de entenderlo como una rebelión traicionera de un súbdito amado en contra de su Rey justo y bueno, nunca entenderemos por qué la muerte del Hijo de Dios era requerida para enmendarlo.

CONFUNDIENDO EL PECADO CON PENSAMIENTOS NEGATIVOS

Otra forma de malentender el pecado es diciendo que es sólo un pensamiento negativo. Lo vimos en algunas de las frases de la introducción de este libro. ¡Deshazte de tus odres viejos! ¡Piensa en grande! ¡Dios quiere mostrarte su increíble favor, si tan sólo te deshaces de esos pensamientos negativos que te están deteniendo!

Ese sí que es un mensaje convincente para personas autodependientes a quienes les gusta creer que pueden deshacerse de su pecado por sí mismos. Tal vez esta es la razón por la que los hombres que proclaman ese mensaje se las ingenian para construir algunas de las iglesias más grandes del mundo. La fórmula en realidad es muy sencilla. Sólo dígale a la gente que su pecado no va mas allá que el tener pensamientos negativos, y que eso es lo que los está separando de la salud, riquezas, y felicidad. Luego dígales que si tan sólo pensaran más positivamente acerca de sí mismos (con la ayuda de Dios, claro), se desharían de su pecado y serían inmensamente ricos. ¡Lotería! ¡Ahora tiene una mega iglesia al instante!

Algunas veces la promesa es dinero, otras veces es salud, otras veces algo completamente diferente. Pero de cualquier forma en que lo vea, decir que Jesucristo murió para salvarnos de pensamientos negativos acerca de nosotros mismos es irreprensiblemente antibíblico. De hecho, la Biblia enseña que una gran parte de nuestro problema es que pensamos *muy alto* de nosotros mismos, no *muy bajo*. Deténgase y piense en esto un momento. ¿Cómo es que la Serpiente tentó a Adán y Eva? Les dijo que estaban pensando muy negativamente de sí mismos. Les dijo que tenían que pensar más positivamente, que necesitaban ampliar su horizonte, y que requerían alcanzar su máximo potencial para ser como Dios. En pocas palabras, les dijo que necesitaban pensar en grande. ¿Y cómo cree que eso les funcionó a ellos?

CONFUNDIENDO EL PECADO CON LOS PECADOS

Hay una gran diferencia entre pensar de usted mismo como culpable de pecados, y pensar de usted mismo como culpable de *pecado.* La mayoría de la gente no tiene problema alguno en admitir que han cometido pecados (en plural), mientras piensen de esos pecados como pequeños errores aislados a lo largo de una buena vida en general–una multa de tránsito aquí o allá en un registro bastante limpio.

Los pecados no nos aterrorizan tanto. Sabemos que están ahí, los vemos en nosotros mismos y en otros todos los días, y nos hemos acostumbrado a ellos. Lo que nos aterroriza es que Dios nos muestre que el *pecado viene d*el mismo núcleo de nuestros corazones, esos depósitos profundos de suciedad y corrupción que ni si quiera sabíamos que existían y que nunca jamás hubiéramos descubierto por nosotros mismos. Así es como la Biblia habla acerca de la profundidad y oscuridad de nuestro pecado–no sólo está *sobre* nosotros; está *en* nosotros y es *de* nosotros.

En el segundo piso del Museo Nacional de Historia Natural en Washington, se encuentra lo que supuestamente es la esfera de cuarzo más grande del mundo. La esfera es un poco más grande que una pelota de baloncesto, y no tiene ni un rasguño, incrustación, o decoloración. Es perfecta. La gente generalmente piensa que la naturaleza humana es como esa esfera de cuarzo. Si, tal vez algunas ocasiones podamos ensuciarla con tierra o lodo, pero bajo el escombro se encuentra la esfera prístina como siempre, y todo lo que necesitamos es limpiarla un poco para restaurar su brillantez.

Sin embargo, la imagen Bíblica de la naturaleza humana no es tan bonita. De acuerdo a las Escrituras, la esfera de la naturaleza humana no es tan prístina, y el lodo no se encuentra solamente en la superficie. Al contrario, estamos impregnados de pecado. Las grietas, el lodo, la suciedad, y la corrupción se encuentran en el mismo núcleo. Como Pablo dijo, somos *"por naturaleza hijos de ira"* (Efesios 2:3). Estamos incluidos en la culpa y corrupción de Adán (Romanos 5). Jesús también enseñó esto: *"Del corazón salen los malos pensamientos, los homicidios, los adulterios, las fornicaciones, los hurtos, los falsos testimonios, las blasfemias"*(Mateo 15:19). Las palabras pecaminosas que usted dice y los actos pecaminosos que usted comete no son incidentes aislados. Brotan de la maldad de su propio corazón.

Cada parte de nuestra existencia humana está corrompida por el pecado y está bajo su poder. Nuestro entendimiento, nuestra personalidad, nuestros sentimientos y emociones, y aún nuestra voluntad están sujetas al pecado. Por eso Pablo dice en Romanos 8:7, *"Por cuanto los designios de la carne son enemistad contra Dios, porque no se sujetan a la ley de Dios, ni tampoco pueden".* ¡Qué declaración tan impactante y aterradora! Tan devastador es el poder del pecado sobre nosotros–nuestro entendimiento, nuestra mente, y nuestra voluntad–que cuando vemos la gloria de Dios, *inevitablemente* le damos la espalda indignados.

No es suficiente decir que Jesús vino a salvarnos de los pecados, si lo que queremos decir con eso es que vino a salvarnos de nuestros errores aislados. Es solamente cuando entendemos que estamos "muertos en nuestros delitos y pecados" (Efesios 2:1,5), que podemos ver qué tan buenas son las noticias de que hay una manera para ser salvos.

El Juicio Activo de Dios contra el Pecado

Una de las declaraciones más aterradoras en toda la Biblia está en Romanos 3:19. Se encuentra al final del veredicto de Pablo acerca de toda la humanidad (gentiles y judíos) en el que indica que están en pecado y que son injustos delante de Dios. Esto es lo que Pablo dice como conclusión de su argumento: "para que toda boca se cierre y todo el mundo quede bajo el juicio de Dios".

¿Puede imaginarse lo que significará pararse delante de Dios y no tener explicación, ni excusa, ni plegaria, ni un caso que defender? ¿Y qué significa estar "bajo el juicio de Dios"? La Biblia es muy clara, como vimos en el capítulo anterior, que Dios es justo y santo, y por lo tanto no excusará el pecado. ¿Pero que significará que Dios trate con el pecado, y que lo juzgue y castigue?

Romanos 3:23 dice, *"La paga del pecado es la muerte".* En otras palabras, el pago que acumulamos por nuestros pecados es el morir. Eso no sólo significa una muerte física. Es una muerte espiritual, una separación obligatoria de nuestro miserable y pecaminoso ser de la presencia del justo y santo Dios. El profeta Isaías lo describió así:

> *Vuestras iniquidades han hecho división entre vosotros y vuestro Dios, y vuestros pecados han hecho ocultar de vosotros su rostro para no oír* (Isaías 59:2).

Algunas veces la gente habla de esto es como si fuera solamente la ausencia pasiva de Dios. Pero es más que eso. Es el juicio activo en contra del pecado, y la Biblia dice que será aterrador. Mire cómo el libro de Apocalipsis describe lo que será el día final del juicio justo y bueno de Dios. Los siete ángeles derramarán *"las siete copas de la ira de Dios",* y *"todos los linajes de la tierra harán lamentación por él"*(Apocalipsis 16:1; 1:7). Dirán a los montes y a las peñas: *"Caed sobre nosotros, y escondednos del rostro de aquel que está sentado sobre el trono, y de la ira del Cordero; porque el gran día de su ira ha llegado; ¿y quién podrá sostenerse en pie?"*(Apocalipsis 6:16-17) Verán a Jesús, el Rey de reyes y Señor de señores, y se acobardarán, porque aplastará *"el vino del furor y de la ira del Dios Todopoderoso"* (Apocalipsis 19:15).

La Biblia enseña que el destino final de los pecadores incrédulos que no se arrepienten es el tormento eterno y consciente, llamado "infierno". Apocalipsis lo describe como "el lago de fuego y azufre", y Jesús dijo que es un lugar de "fuego que no puede ser apagado" (Apocalipsis 20:10; Marcos 9:43).

Dado que la Biblia nos habla y advierte del castigo en el infierno, no entiendo el impulso que algunos cristianos tienen para explicarlo de tal forma que suene más tolerable. Cuando Apocalipsis habla de Jesús aplastando el vino del furor y de la ira del Dios Todopoderoso, cuando Jesús mismo advierte al pueblo del "fuego que no puede ser apagado...

donde la oruga de ellos no muere" (Marcos 9:43; 48), mi pregunta incrédula es, *¿por qué* algún cristiano tendría interés en consolar a los pecadores con la idea de que tal vez el infierno no será tan malo después de todo?

Nosotros No Inventamos Esto

Las imágenes que la Biblia utiliza para hablar acerca del juicio de Dios contra el pecado son realmente aterradoras. No es sorpresa el hecho de que el mundo lea las descripciones en la Biblia acerca del infierno y se refiera a los cristianos como "enfermos" por creerlas.

Pero eso es equivocar el meollo del asunto. No es que nosotros estemos inventando estas ideas. Nosotros los cristianos no leemos, creemos, y hablamos acerca del infierno porque de alguna manera nos guste pensar en él. ¡Que Dios no lo permita! No, hablamos acerca del infierno porque, en última instancia, creemos en la Biblia. Creemos en ella cuando dice que el infierno es real, y creemos en ella con lágrimas cuando dice que la gente que amamos está en peligro de pasar la eternidad en él.

Este es el veredicto aleccionador sobre nosotros. No hay ni un justo entre nosotros, ni si quiera uno. Y por eso, un día toda boca será cerrada, toda lengua será silenciada, y todo el mundo dará cuentas a Dios.

Pero...

CAPÍTULO CUATRO

JESUCRISTO EL SALVADOR

Pero... Creo que esa es la palabra más poderosa que una persona puede decir. Es pequeña pero tiene el poder de borrar todo lo que se dijo antes de ella. Después de escuchar malas noticias como las del capítulo anterior, esta palabra tiene el poder de hacernos levantar nuestros ojos en búsqueda de esperanza. Más que cualquier otra palabra en los idiomas humanos, esta tiene la habilidad de cambiar todas las cosas.

- El avión cayó. *Pero* nadie salió herido.
- Tiene cáncer. *Pero* es fácil de tratar.
- Su hijo estuvo en un accidente automovilístico. *Pero* está fuera de peligro.

Tristemente, algunas veces la palabra *pero* no aparece. Algunas veces la oración se detiene, y nos quedamos sólo con malas noticias. Pero esos momentos solo hacen que se intensifiquen aquellos en los que la palabra *pero sí aparece.* Y son gloriosos.

Gracias a Dios las malas noticias del pecado del hombre y el juicio de Dios no son el final de la historia. Si la Biblia hubiera terminado con la declaración de Pablo de que el mundo entero estará en silencio delante del trono de Dios, no habría esperanza alguna para nosotros. Sólo habría desesperación. Pero (¡Otra vez esta maravillosa palabra!) gracias a Dios la historia continúa.

Usted es un pecador destinado a ser condenado. *Pero...* ¡Dios ha actuado para salvar pecadores igual que usted!

Una Palabra de Esperanza

Marcos comienza su relato de la vida de Jesús con las palabras "Principio del evangelio de Jesucristo, Hijo de Dios". Desde el principio, Marcos y otros Cristianos primitivos sabían que la venida de Jesucristo era una buena noticia de parte de Dios para un mundo destruido y muerto a los pies del pecado. Ante el dominio del pecado, la venida de Jesucristo fue el anuncio relampagueante de que ahora todo había cambiado.

Aún en el jardín del Edén, Dios les había dado una palabra de esperanza a Adán y Eva–algunas buenas noticias en medio de su desesperación. No era mucho, era solamente una pista, una frase al final de la sentencia de Dios contra la Serpiente.

> *Él te herirá en la cabeza,*
> *Y tú le herirás en el calcañar* (Génesis 3:15)

Pero sí significaba algo. A pesar de su rebeldía, Dios quería que Adán y Eva supieran que la historia no había llegado a su fin. Aquí tenemos parte del evangelio, buenas noticias en medio de este cataclismo.

El resto de la Biblia nos cuenta la historia de cómo esta pequeña semilla de buenas nuevas logró germinar, brotar, y crecer. Por miles de años, Dios preparó al mundo a través de la ley y los profetas, para su sorprendente ataque final en contra de la Serpiente por medio de la vida, muerte, y resurrección de Jesucristo. Cuando todo terminara, la culpa con la que Adán había infectado a toda la humanidad seria derrotada, la muerte que Dios había pronunciado sobre su propia creación seria anulada, y el infierno mismo se pondría de rodillas. La Biblia es la historia de la contraofensiva de Dios hacia el pecado. Es la meta-narrativa de cómo Dios ha arreglado todo, está arreglando todo y cómo un día lo arreglará todo de una forma decisiva y eterna.

Completamente Dios, Completamente Hombre

Todos los escritores del evangelio comienzan sus relatos de la vida de Jesús demostrando que no era ningún hombre ordinario. Mateo y Lucas comienzan la historia con un ángel visitando a una joven virgen llamada María y diciéndole que daría a luz un hijo. Incrédula ante las noticias, María preguntó, *"¿Cómo es esto, pues no conozco varón?" El ángel le explicó, "El Espíritu Santo vendrá sobre ti, y el poder del Altísimo te cubrirá con su sombra; por lo cual también el Santo que nacerá, será llamado Hijo de Dios"* (Lucas 1:34-35). Juan comienza su historia con una declaración aún más sorprendente: *"En el principio"* (note que estas palabras automáticamente nos transportan a Génesis 1:1) *"era el Verbo, y el Verbo era con Dios, y el Verbo era Dios...y aquel Verbo fue hecho carne y habitó entre nosotros"*(Juan 1:1, 14).

Todo esto–el nacimiento virginal de Jesús, el título de "Hijo de Dios", la declaración de Juan de que "El Verbo era Dios" junto con el anuncio de que "el Verbo fue hecho carne"–fue diseñado para decirnos quién es Jesús.

En pocas palabras, la Biblia nos dice que Jesús es completamente hombre y completamente Dios. Este es un punto crucial para entender quién es él, porque solamente aquel que es completamente hombre y completamente divino es el que puede salvarnos. Si Jesús fuera sólo otro hombre–como nosotros en todos los sentidos, incluyendo nuestros errores y pecados–no sería capaz de salvarnos de la misma forma que ningún hombre muerto puede salvar a otro. Pero debido a que él es el Hijo de Dios, sin pecado e igual en perfección divina a Dios el Padre, él es apto para vencer la muerte y salvarnos del pecado. De la misma manera, es indispensable que Jesús sea como uno de nosotros–esto es, completamente humano–para que nos pueda representar holísticamente delante de su Padre. Como lo dice Hebreos 4:15, Jesús es *"uno que fue tentado en todo según nuestra semejanza, pero sin pecado"*.

¡El Rey y Mesías con Nosotros!

Cuando Jesús comenzó su ministerio, proclamaba un mensaje fantástico: *"¡El tiempo ha llegado! El reino de Dios está cerca. ¡Arrepiéntanse y crean las buenas nuevas!"*

Los rumores de que este hombre predicaba que el reino de Dios había venido se habían esparcido rápidamente en toda la región, y las multitudes rodeaban a Jesús para escuchar con emoción las "buenas nuevas" que proclamaba. ¿Pero qué era tan emocionante?

Por siglos, a través de su ley y sus profetas, Dios había predicho un tiempo en que toda la maldad del mundo llegaría a su fin, y su pueblo sería rescatado de sus pecados. Habría de barrer toda la resistencia humana y establecería su reinado, "su "reino", sobre la tierra. Aún más, Dios había prometido que establecería este reino mediante la persona de un Rey mesiánico, uno que vendría de la línea real del gran Rey David. En 2 Samuel 7:11, Dios le prometió a David que uno de sus hijos reinaría sobre su trono para siempre. Y el profeta Isaías dijo lo siguiente acerca de este hijo del rey:

> *Y se llamará su nombre Admirable, Consejero, Dios Fuerte, Padre Eterno, Príncipe de Paz. Lo dilatado de su imperio y la paz no tendrán límite, sobre el trono de David y sobre su reino, disponiéndolo y confirmándolo en juicio y en justicia desde ahora y para siempre.* (Isaías 9:6-7)

Así que puede imaginarse lo emocionada que estaba la multitud al recibir a Jesús cuando comenzó a anunciar que el reino de los cielos había llegado. ¡Significaba que el tan esperado y amado Mesías Davídico finalmente había llegado!

Los escritores del evangelio insisten en que el Rey Davídico no es ningún otro que Jesucristo mismo. Lucas registra las palabras del ángel anunciándole a María el nacimiento de Jesús:

> *Este será grande, y será llamado hijo del Altísimo; y el Señor Dios le dará el trono de David su padre; y reinará sobre la casa de Jacob para siempre; y su reino no tendrá fin.* (Lucas 1:32-33)

Mateo comienza su libro con una genealogía que traza los ancestros de Jesús hasta el Rey David, y luego hasta Abraham mismo. De forma fascinante, Mateo le da estilo a su genealogía, dividiéndola en tres generaciones de catorce. Y catorce, como cualquier judío hubiera sabido, era el resultado numérico que se obtenía mediante la suma de las tres letras Hebreas D-V-D, "David". Mateo, como todos los demás

Cristianos, prácticamente está gritando las palabras "¡Rey! ¡Rey! ¡Rey!" a medida que comienza con la historia de Jesús.

Buenas Noticias Inesperadas (Si Puede Sumarse a Ellas)

El Nuevo Testamento cuenta la historia de cómo el Rey Jesús inauguró el reino de Dios en la tierra y cómo comenzó a deshacer la maldición del pecado. Aún así, el reino que Jesús inauguró no se parecía nada a lo que los judíos esperaban o querían. Ellos querían un Mesías que estableciera un reino terrenal y político que derrotara y suplantara al poder dominante de esos tiempos: el Imperio Romano. Pero Jesús no estaba buscando una corona terrenal, sino que predicaba, enseñaba, sanaba a los enfermos, perdonaba pecados, resucitaba a los muertos, y le decía al gobernador Romano que su reino "no es de este mundo" (Juan 18:36).

Eso no quiere decir que su reino *nunca* sería de este mundo. Un poco antes Jesús le había dicho al sumo sacerdote, *"verás al Hijo del Hombre sentado a la diestra del poder de Dios, y viniendo en las nubes del cielo"*(Marcos 14:62), y en Apocalipsis 21 leemos que vendrá a reinar en una tierra nueva y cielo nuevo, una tierra que será radicalmente transformada por su poder y será libre de la esclavitud del pecado.

Ahora bien, todas esas son muy buenas noticias–si es que puede sumarse a ellas. Pero de nuevo nos enfrentamos al problema de nuestro pecado, ¿No es cierto? A menos de que algo suceda para remover la culpa de nuestra desobediencia y rebelión contra Dios, seguimos separados de él y estamos destinados a vivir no en el nuevo cielo y tierra nueva, sino en el infierno como castigo eterno.

Pero aquí es donde las buenas nuevas del Cristianismo se vuelven muy, muy buenas. Verá, el Rey Jesús no solamente vino para inaugurar el reino de Dios, sino también para traer pecadores a él muriendo en vez de ellos, cargando con su pecado, llevando su castigo sobre sí mismo, asegurando su perdón, justificándolos ante los ojos de Dios, y los ha hecho aptos para heredar su parte en el reino (Colosenses 1:12).

¿Un Rey Sufrido?

"He aquí el Cordero de Dios que quita el pecado del mundo". Eso fue lo que dijo Juan el Bautista–aquel hombre envuelto en pieles de camello y que comía langostas–cuando vio a Jesús venir hacia él (Juan 1:29). ¿Qué quiso decir con el Cordero de Dios y con quitar el pecado del mundo?

Todo judío el siglo primero hubiera sabido lo que Juan el Bautista quiso decir con "el Cordero de Dios que quita el pecado". Era una referencia al festival judío de la Pascua, ese memorial de la salvación milagrosa de Dios cuando libró a los Israelitas de la esclavitud en Egipto unos mil quinientos años antes.

Como juicio en contra de los egipcios, Dios les había mandado diez plagas, y cada vez el Faraón Egipcio endureció su corazón y se negó a dejar libres a los Israelitas. La última plaga fue la más terrible de todas. Dios le dijo a los Israelitas que en una noche señalada, el ángel de la muerte vendría a arrasar sobre la tierra de Egipto, matando a cada hijo y animal primogénito de todo el país. Ese juicio terrible incluía a los Israelitas, a menos que obedecieran cautelosamente las instrucciones de Dios. Dios les dijo que cada familia debería tomar un cordero sin mancha para sacrificarlo. Luego, usando una rama de hisopo, deberían de tomar de la sangre del cordero para pintar con ella sobre el pórtico de sus casas. Después, Dios prometió que cuando el ángel de la muerte viera la sangre, "pasaría sobre" la casa y no habría juicio sobre ella.

La fiesta de la Pascua–y especialmente el cordero de la Pascua–se convirtió en un símbolo poderoso de la idea de que la penalidad mortífera por el pecado de una persona, podía ser pagada por la muerte de otra. De hecho, esta idea de "substitución penal" era la base de todo el sistema de sacrificios en el Antiguo Testamento. En el día anual de la Expiación, el sumo sacerdote iba al centro del templo, mejor conocido como el Lugar Santísimo, y mataba un animal sin mancha como pago por los pecados del pueblo. Esto sucedía año con año, y año con año la penalidad por los pecados del pueblo era diferida una vez más por la sangre del cordero.

Se necesitó de tiempo, pero eventualmente los seguidores de Jesús se dieron cuenta de que su misión no era sólo inaugurar el reino de Dios, sino morir como sacrificio sustituto por su pueblo. Se dieron cuenta de que Jesús no sólo era Rey. Jesús era un Rey Sufrido.

Jesús mismo sabía desde el principio que su misión era morir por los pecados de su pueblo. El ángel había anunciado en su nacimiento que *"Él salvará a su pueblo de sus pecados"* (Mateo 1:21), y Lucas nos dice que *"cuando se cumplió el tiempo en el que había de ser recibido arriba, afirmó su rostro para ir a Jerusalén"*(Lucas 9:51). Jesús predijo su muerte muchas veces en los evangelios, y cuando Pedro ingenuamente trató de interponerse en su camino, Jesús lo reprendió diciendo: *"¡Quítate de delante de mí, Satanás! Me eres tropiezo"*(Mateo 16:23). El rostro de Jesús estaba afirmado con la mira en Jerusalén—y por lo tanto, con la mira puesta en su muerte.

Jesús también entendía el significado y propósito de su muerte. En Marcos 10:45 dijo, *"El Hijo del Hombre no vino para ser servido, sino para servir, y para dar su vida en rescate por muchos"*. Y en Mateo 26:28, mientras compartía la Santa Cena con sus discípulos, tomó un vaso de vino y dijo, *"Bebed de ella todos, porque esto es mi sangre del nuevo pacto, que por muchos es derramada para remisión de los pecados"*(Mateo 26:27-28). *"Pongo mi vida por las ovejas"*, dijo en otro lugar. *"Nadie me la quita, sino que yo de mí mismo la pongo"*(Juan 10:15, 18). Jesús sabía por qué iba a morir. Dio su vida voluntariamente por amor a su pueblo, el Cordero de Dios fue asesinado para que su pueblo pudiera ser perdonado.

Con la enseñanza del Espíritu Santo, los cristianos primitivos también entendieron lo que Jesús había logrado en la cruz. Pablo lo describió así: *"Cristo nos redimió de la maldición de la ley"* (Gálatas. 3:13-14). Y en otro lugar dijo, *"Al que no conoció pecado, por nosotros se hizo pecado, para que nosotros fuésemos hechos justicia de Dios en él"* (2 Corintios 5:21). Pedro también escribió, *"Porque Cristo también padeció una sola vez por los pecados, el justo por los injustos, para llevarnos a Dios"* (1 Pedro 3:18). Y, *"quien llevó él mismo nuestros pecados en su cuerpo sobre el madero, para que nosotros, estando muertos a los pecados, vivamos a la justicia; y por cuya herida fuisteis sanados"* (1 Pedro 2:24).

¿Alcanza a ver lo que estos cristianos estaban diciendo acerca del significado de la muerte de Jesús? Estaban diciendo que cuando Cristo murió, no estaba siendo castigado por sus propios pecados. (¡El no había pecado!) Más bien era el castigo de los pecados de su pueblo. Mientras colgaba en el madero, Jesús cargó con todo el peso tan horrible del pecado del pueblo de Dios. Toda su rebelión, toda su desobediencia, todo su pecado cayó sobre sus hombros. Así mismo, cargó con la maldición que Dios había pronunciado en el Edén–la sentencia de muerte.

Por eso es que Jesús lloró en agonía, *"Dios mío, Dios mío, ¿Por qué me has desamparado?"* (Mateo 27:46). Su padre, quien es santo y justo, y quien es muy puro de ojos para ver el mal, miró a su hijo, vio los pecados de su pueblo sobre sus hombros, le dio la espalda indignado, y derramó su ira sobre su propio Hijo. Mateo escribió que la tierra se cubrió con oscuridad por un lapso de tres horas mientras Jesús colgaba del madero. Esa era la oscuridad del juicio, el peso de la ira de Dios cayendo sobre Jesús mientras cargaba con los pecados de su pueblo y moría en su lugar.

Isaías profetizó acerca de esto unos siete siglos antes de que sucediera:

> *Ciertamente llevó él nuestras enfermedades, y sufrió nuestros dolores; y nosotros le tuvimos por azotado, por herido de Dios y abatido. Mas él herido fue por nuestras rebeliones, molido por nuestros pecados; el castigo de nuestra paz fue sobre él, y por su llaga fuimos nosotros curados.* (Isaías 53:4-5)

¿Sí ve el significado de esto? Al final, significa que *yo soy* el que debía haber muerto, no Jesús. Yo debí haber sido castigado, no Jesús. Y aún así tomó mi lugar. Murió por mí.

Eran mis transgresiones, pero fueron sus heridas. Mis iniquidades, pero su castigo. Era mi pecado, pero fueron sus penas. Y su muerte compró mi paz. Sus azotes ganaron mi sanidad. Su tristeza, mi gozo.

Su muerte, mi vida.

El Corazón del Evangelio

Tristemente, esta doctrina de la sustitución es probablemente la parte del evangelio Cristiano que el mundo odia más. A la gente le causa nauseas la idea de que Jesús fue castigado por los pecados de alguien más. Varios autores le han llamado a esto "abuso infantil divino". Y aún así, el hacer a un lado la expiación sustitutoria es como apuñalar el corazón del evangelio. Siendo francos, hay muchas imágenes en la Escritura de lo que Cristo logró con su muerte: ejemplo, reconciliación, y victoria, para solo mencionar tres. Pero debajo de todo esto está la realidad a la que estas apuntan–sustitución penal. Simplemente no se puede hacer a un lado, o darle preferencia a otras imágenes, de lo contrario dejaríamos muchas preguntas sin responder en la Biblia. ¿Por qué existían los sacrificios? ¿Qué era lo que la sangre derramada lograba? ¿Cómo puede Dios tener misericordia de los pecadores sin destruir su justicia? ¿Qué significa que Dios perdona la iniquidad y la rebelión, y aún así no tendrá por inocente al culpable (Éxodo 34:7). ¿Cómo puede un Dios justo y santo justificar al impío (Romanos 4:5)?

La respuesta a todas estas preguntas es encontrada en la cruz del Calvario, en la muerte sustitutoria de Jesús por su pueblo. Un Dios justo y santo puede justificar al impío porque en la muerte de Jesús, la misericordia y la justicia fueron perfectamente reconciliadas. La maldición fue correctamente ejecutada, y fuimos salvos misericordiosamente.

Él Resucitó

Por supuesto, todo esto es verdad y son buenas noticias porque el Rey Jesús quien fue crucificado, ya no está en la tumba. Él resucitó de los muertos. Todas las dudas que agobiaban a los discípulos cuando Jesús murió, fueron borradas en el momento que el ángel le dijo a la mujer, *"¿Por qué buscáis entre los muertos al que vive? No está aquí, sino que ha resucitado"*(Lucas 24:5-6).

Si Cristo hubiera permanecido en la tumba como cualquier otro "salvador" o "maestro" o "profeta", su muerte no significaría nada más que la suya o la mía. Las olas de la muerte hubieran concluido con toda esperanza, toda declaración suya se hubiera hundido en un mar de vaciedad, y la humanidad aún estaría sin esperanza de ser salva de su pecado. Pero cuando el aliento volvió a entrar en sus pulmones resucitados, cuando la vida de resurrección electrificó su cuerpo glorificado, todo lo que Jesús había dicho fue vindicado completa, incuestionable, e irrevocablemente.

Pablo dijo entusiasmado en Romanos 8 lo que la resurrección de Jesús significa para los creyentes:

> *¿Quién acusará a los escogidos de Dios? Dios es el que justifica. ¿Quién es el que condenará? Cristo es el que murió; más aun, el que también resucitó, el que además está a la diestra de Dios, el que también intercede por nosotros.* (Romanos 8:33-34)

¡Qué pensamiento tan maravilloso–que Jesús el hombre ahora está sentado en todo su esplendor a la diestra de su Padre en el cielo, reinando como el Rey el universo! No sólo eso, sino que está intercediendo por su pueblo, al mismo tiempo que esperamos su regreso final y glorioso.

Pero todo esto nos lleva a una pregunta más, ¿no? Así, ¿Quién es "su pueblo"?

CAPÍTULO CINCO

LA RESPUESTA—FE Y ARREPENTIMIENTO

Comencé a enseñarle a mi hijo a nadar desde muy pequeño. Fue todo un reto. A la edad de un año, al pobre no le gustaba mojarse la cara en la bañera, mucho menos la piscina que parecía océano que tenía enfrente. Primero, "enseñarle a nadar" significaba animarlo a chapotear un poco el agua del primer escalón, y tal vez a poner sus labios en el agua para que soplara algunas burbujas si se sentía muy valiente.

Eventualmente lo convencí de caminar a mi lado por la orilla de la piscina, claro, con sus brazos ahorcando mi cuello. Una vez que dominamos eso, era tiempo para el Gran Espectáculo: saltar desde la orilla. Cumpliendo con mi deber divino como padre, lo cargué y lo saqué de la piscina, y le dije, "¡Vamos, salta!"

Creo que en ese momento mi hijo me vio como un lunático. En cuestión de segundos, la mirada en sus ojos cambió de confusión a incredulidad, luego a rechazo, y después a una mezcla de cosas. Frunció el ceño y dijo, "No. Voy a ver a Mami". Cumpliendo con mi responsabilidad de padre una vez más, no me di por vencido y fui tras él y eventualmente lo convencí (con algunos sobornos) de que regresara a la piscina. Así que nos acercamos al momento de la verdad.

Volví a saltar al agua y me paré frente a él con mis brazos extendidos viéndolo vacilar en sus pañales acuáticos como lo suelen hacer los niños de un año cuando quieren saltar pero realmente no. "Vamos, pequeño", le dije. "Estoy aquí. ¡Te voy a atrapar, lo prometo!" Me miró escépticamente, se balanceó una vez más, dobló un poco sus rodillas, y luego cayó en la piscina con algo más parecido a un desplome que a un salto.

Y lo atrapé.

Después de eso, ya estábamos del otro lado. "¡Hazlo de nuevo, papi! ¡Hazlo de nuevo!" Y así comenzó media hora de saltos, atrapadas, levantadas, comenzar todo de nuevo, saltos, atrapadas, levantadas.

Cuando todo terminó, mi esposa y yo comenzamos a preocuparnos de que tal vez nuestro hijo se había encariñado *de más* con el agua. ¿Qué tal si se las ingeniaba para saltar a la piscina cuando nadie estuviera con él? ¿Se acordaría de todas las veces en las que había saltado sin problema al agua y creería que ya tenía dominada toda esta acrobacia acuática?

Durante las siguientes semanas lo observamos alrededor de la piscina, y lo que vimos nos trajo consuelo como padres, y me tocó profundamente especialmente a mí como padre. Mi pequeño ni si quiera pensaba en saltar al agua–no hasta que yo estuviera debajo de él esperándolo con los brazos abiertos, prometiendo que lo atraparía. ¡Entonces si volaba!

Verá, a pesar de todo el aparente éxito de mi hijo, su confianza nunca estuvo en su propia habilidad para lidiar con el agua. Su confianza estaba en su padre, y en la promesa de su padre, "¡Vamos, pequeño! ¡Salta! ¡Prometo atraparte!"

Introduciendo la Fe y el Arrepentimiento

Marcos nos dice que Jesús comenzó su ministerio predicando lo siguiente: *"el tiempo se ha cumplido, y el reino de Dios se ha acercado; arrepentíos, y creed en el evangelio"* (Marcos 1:15). Ese mandato–arrepentíos y creed–es lo que Dios requiere de nosotros en respuesta a las buenas nuevas de Jesús.

A lo largo del Nuevo Testamento, leemos que esto es lo que los apóstoles le decían a la gente que hicieran. Jesús llamó a su audiencia a arrepentirse y creer en las buenas nuevas. Pedro, al final de su sermón en el día de Pentecostés, le dijo a la gente, *"Arrepentíos y bautícese cada uno de vosotros en el nombre de Jesucristo"* (Hechos 2:38)[1] Pablo explicó su ministerio en Hechos 20:21, diciendo, *"testificando a*

[1] Bautizarse en el nombre de Jesús es una expresión de fe en El.

judíos y a gentiles acerca del arrepentimiento para con Dios, y de la fe en nuestro Señor Jesucristo". Y en el 26:28, cuenta como Jesús lo mandó:

> *para que abras sus ojos, para que se conviertan de las tinieblas a la luz, y de la potestad de Satanás a Dios [es decir, arrepentirse]; para que reciban, por la fe que es en mí, perdón de pecados y herencia de los santificados.*

Fe y arrepentimiento. Esto es lo que distingue al pueblo de Cristo o "cristianos". En otras palabras, un cristiano es aquel que se vuelve de su pecado y confía en el Señor Jesucristo–y nada más–para salvarlo de su pecado y del juicio venidero.

La Fe es Dependencia

La *fe* es una de esas palabras que han sido mal utilizadas por tanto tiempo que la mayoría de la gente no tiene idea de lo que significa. Si se le pide a cualquier persona en la calle que describa qué es la fe, tal vez se reciban algunas palabras respetuosas, pero al final, el corazón de la definición será que la fe es creer en lo ridículo a pesar de todas las evidencias en contra.

Un año me encontraba viendo el Desfile del Día de Acción de Gracias de la tienda Macy´s en la televisión con mi hijo mayor. El tema del evento era "¡Cree!" y el enfoque estaba sobre lo que los reporteros llamaban el Medidor de la Fe. Cada vez que tocaba una banda, o se acercaba una nueva carroza, o los bailarines hacían acrobacias en sus trajes de duende, la aguja del Medidor de la Fe se levantaba un poco más. Claro, lo más destacado del desfile fue cuando el mismísimo Santa Claus entró a escena en su trineo que inexplicablemente tenía forma de un ganso majestuoso. ¡El Medidor de la Fe se volvió loco! Con toda la música, el baile, el confeti, y los niños gritando–y los adultos gritando, cabe mencionar–cualquier foráneo concluiría que estas personas en realidad *sí* creían en estas cosas.

Mi hijo de seis años, que Dios lo bendiga, pensó que todo aquello era estrepitosamente tonto.

Pero eso es lo que el mundo piensa sobre la fe. Es una farsa, un juego divertido y cómodo en el que la gente es libre de participar si así lo desea, pero no hay una conexión real con el mundo verdadero. Los niños creen en Santa Claus y en los Reyes Magos. Los místicos creen en el poder de las rocas y los cristales. La gente loca cree en los cuentos de hadas. Y los cristianos, bueno, ellos creen en Jesús.

Sin embargo, lea la Biblia y se dará cuenta de que la fe no es nada parecido a esa caricatura. La fe no es creer en algo que no se puede probar, que es como mucha gente la define. Bíblicamente, la fe es *dependencia.* Una confianza sólida como una roca fundamentada en la promesa y la verdad de que Jesús vino a salvarnos del pecado.

Pablo nos habla acerca de la naturaleza de la fe en Romanos 4, en su discusión acerca de Abraham. Así es como describe la fe de Abraham:

> *El creyó en esperanza contra esperanza, para llegar a ser padre de muchas gentes, conforme a lo que se le había dicho: Así será tu descendencia. Y no se debilitó en la fe al considerar su cuerpo, que estaba ya como muerto (siendo de casi cien años), o la esterilidad de la matriz de Sara. Tampoco dudó, por incredulidad, de la promesa de Dios, sino que se fortaleció en fe, dando gloria a Dios, plenamente convencido de que era también poderoso para hacer todo lo que había prometido.* (Romanos 4:18-21)

A pesar de todas las circunstancias que parecían estar en contra de la promesa de Dios (la edad de Abraham, la edad de su esposa y su esterilidad) Abraham creyó lo que Dios dijo. Creyó en Dios sin vacilar y esperó que cumpliera sus promesas. Por supuesto, la fe de Abraham no era perfecta; el nacimiento de Ismael comprueba que Abraham trató primero de confiar en sus propias fuerzas para realizar las promesas de Dios. Pero habiéndose arrepentido de ese pecado, Abraham finalmente puso su fe en Dios. Dependió de él, como dijo Pablo, "plenamente convencido de que era también poderoso para hacer todo lo que había prometido".

El evangelio de Jesucristo nos llama a hacer exactamente lo mismo– poner nuestra fe en Jesús, depender de él, y confiar en que cumplirá lo que ha prometido hacer.

Fe en Cristo para tener un Veredicto Justo

Pero, ¿Para qué exactamente es que estamos dependiendo en Jesús? En palabras sencillas, estamos dependiendo de él para que nos asegure un veredicto justo por parte de Dios el Juez, en lugar de un veredicto culpable.

Permítame explicar. La Biblia enseña que la necesidad más grande de cada ser humano es ser encontrado justo y no perverso a los ojos de Dios. Cuando el juicio venga, necesitamos desesperadamente que el veredicto pronunciado sobre nosotros sea "justo", en lugar de "condenado". A eso es a lo que se refiere la Biblia con la palabra "justificado"–es la declaración de Dios de que somos justos a sus ojos, en vez de culpables.

¿Y cómo aseguramos un veredicto justo? La Biblia nos dice claramente que no será pidiéndole a Dios que mire nuestras propias vidas. No, eso sería una movida imprudente. Si Dios nos va a contar como justos, tendrá que hacerlo en base a algo más que nuestro historial pecaminoso. Tendrá que hacerlo en base al historial de *alguien más*, alguien que sea un sustituto para nosotros. Ahí es donde la fe en Jesús toma lugar. Cuando ponemos nuestra fe en Jesús, estamos dependiendo de él para que sea nuestro sustituto delante de Dios, tanto en su vida perfecta como en su muerte en la cruz que canceló nuestra deuda. En otras palabras, estamos confiando en que Dios sustituirá el historial de Jesús por el nuestro, y por lo tanto seremos declarados justos (Romanos 3:22).

Mírelo de esta manera: cuando confiamos en Jesús para salvarnos, nos unimos a él, y un intercambio magnífico toma lugar. Todo nuestro pecado, nuestra rebelión, y nuestra iniquidad es imputada (o acreditada) a Jesús, y él muere debido a ello (1 Pedro 3:18). Y al mismo tiempo, la vida perfecta que Jesús vivió es transferida a nosotros, y somos declarados justos. Dios nos mira, y en vez de ver nuestro pecado, ve la justicia de Jesús.

Esto es lo que Pablo quiere decir cuando le escribe en Romanos 4 que Dios nos "cuenta por justicia" sin ver nuestras obras, y que nuestros pecados son "cubiertos" (v. 5, 7). Aún más importante, esto es lo que Pablo quiere decir cuando escribe sorprendentemente que Dios "justifica al impío" (v. 5). Dios no nos declara justos porque seamos intrínsecamente justos. ¡Y gracias a Dios que eso es verdad, porque ninguno de nosotros cumpliría con ese estándar! No, Dios nos declara justos por la fe, y así somos vestidos con la vida perfecta de Cristo. Dios nos salva por mera gracia, no por algo que nosotros hayamos hecho, sino solamente por lo que *Jesús* hizo por nosotros.

El profeta Zacarías enfatiza este punto con una bella imagen de Josué el sumo sacerdote recibiendo vestiduras nuevas. Esto es lo que Zacarías escribió.

> *Me mostró al sumo sacerdote Josué, el cual estaba delante del ángel de Jehová, y Satanás estaba a su mano derecha para acusarle. Y dijo Jehová a Satanás: Jehová te reprenda, oh Satanás; Jehová que ha escogido a Jerusalén te reprenda. ¿No es éste un tizón arrebatado del incendio? Y Josué estaba vestido de vestiduras viles, y estaba delante del ángel. Y habló el ángel, y mandó a los que estaban delante de él, diciendo: Quitadle esas vestiduras viles. Y a él le dijo: Mira que he quitado de ti tu pecado, y te he hecho vestir de ropas de gala. Después dijo: Pongan mitra limpia sobre su cabeza. Y pusieron una mitra limpia sobre su cabeza, y le vistieron las ropas. Y el ángel de Jehová estaba en pie.*
>
> (Zacarías 3:1-5)

Aquellas vestiduras caras, limpias, y nuevas, no le pertenecían a Josué. Tampoco la mitra limpia. Todo lo que le pertenecía a Josué eran las vestiduras viles, las mismas que Satanás quería utilizar para ridiculizarlo y acusarlo. No, la justicia que Josué disfrutaba delante de Dios no era propia. Le fue dada por alguien más.

Eso también es verdad para nosotros como Cristianos. Nuestra justicia delante de Dios no es nuestra. Nos fue dada por Jesús. Dios miró a su Hijo y vio nuestro pecado, y ahora nos mira y ve la justicia de Jesús. Como dice el canto:

Dios el justo queda satisfecho, al mirarlo a Él y perdonarme a mí.[2]

---

[2] "Ante el Trono Celestial", Charitie L. Bancroft, 1863

Solamente Por Fe

Cuando nos damos cuenta de lo dependientes que somos de Jesús para salvarnos–su muerte por nuestro pecado, su vida por nuestra justicia–entendemos por qué la Biblia es tan insistente en que la salvación viene *solamente* a través de la fe en él. No hay otro camino, ni otro salvador, nada ni nadie en este mundo en quien podamos depender para salvarnos, y eso incluye nuestros propios esfuerzos.

Todas las otras religiones en la historia de la humanidad rechazan esta idea de que somos justificados solamente por la fe. Al contrario, las otras religiones aseguran que la salvación es obtenida mediante esfuerzos morales, buenas obras, y un balance cuyo peso positivo sea mayor que el negativo. Eso no es de sorprenderse, de veras. Es muy humano pensar–y aún *insistir*–que podemos contribuir a nuestra salvación.

Somos tan dependientes en nosotros mismos, ¿No es cierto? Estamos convencidos de nuestra auto-dependencia, y nos ofende cualquier insinuación de que somos lo que somos por la intervención de alguien más. Piense cómo se sentiría si alguien dijera de su trabajo o de alguna otra cosa que usted valore, "Bueno, tú no te ganaste eso. Lo tienes solamente porque alguien más te lo *dio*". Y sin embargo ese es exactamente el caso cuando se refiere a nuestra salvación ante Dios. Nos fue dada como un regalo de gracia, y no contribuimos en lo absoluto–no fue nuestra justicia, ni nuestra paga por el pecado, ni mucho menos nuestras buenas obras (Gálatas 2:16).

Poner la fe en Jesús significa renunciar a cualquier otra esperanza de ser contado como justo delante de Dios. ¿Qué tal usted? ¿Está confiando en sus buenas obras? La fe significa confiar solamente en Jesús, y admitir que sus buenas obras son completamente insuficientes. En otras palabras, significa saltar de la orilla de la piscina y decir, "Jesús, si no me atrapas estoy en aprietos. No tengo ninguna otra esperanza, ni otro salvador. Sálvame, Jesús, o me muero."

Eso es la fe.

Arrepentimiento – la Otra Cara de la Moneda

El mensaje de Jesús a sus oyentes era, *"Arrepentíos, y creed en el evangelio!* (Marcos 1:15). Si la fe es volverse a Jesús y depender de él para la salvación, el arrepentimiento es la otra cara de la moneda. Es volverse del pecado, odiarlo, y decidirse a olvidarlo con la ayuda de Dios, al tiempo que nos volvemos a él en fe.

Esto es lo que Pedro le dijo a la multitud, *"Arrepentíos y convertíos, para que sean borrados vuestros pecados"*(Hechos 3:19). Y Pablo le dice a todos *"que se arrepintiesen y se convirtiesen a Dios"* (Hechos 26:20).

El arrepentimiento no es opcional en la vida cristiana. Es absolutamente crucial, ya que distingue a aquellos que han sido salvados por Dios de los que no.

He conocido a mucha gente que dice cosas como, "Sí, he aceptado a Jesús como mi Salvador, así que soy Cristiano. Pero no estoy listo para aceptarlo como mi Señor todavía. Tengo algunas cosas que necesito arreglar". En otras palabras, ellos dicen que podían tener fe en Jesús y ser salvos, sin arrepentirse de su pecado.

Si entendemos correctamente el arrepentimiento, veremos que la idea de que podemos recibir a Jesús como Salvador pero no como Señor es absurda. Para comenzar, no le hace justicia a lo que la Escritura enseña acerca del arrepentimiento y de su conexión con la salvación. Por ejemplo, Jesús advirtió, *"antes si no os arrepentís, todos pereceréis igualmente"*. Los apóstoles, cuando escucharon la historia de Pedro acerca de la conversión de Cornelio, adoraron a Dios porque *"también a los gentiles ha dado Dios arrepentimiento para vida"* (Hechos 11:18), y Pablo habla del *"arrepentimiento para salvación"* en 2 Corintios 7:10.

Sobre todas las cosas, tener fe en Jesús significa creer que él es quien dice ser: el Rey crucificado y resucitado quien ha conquistado la muerte y el pecado, y que tiene poder para salvar. Ahora bien, ¿Cómo va a ser que una persona pueda creer, confiar, y depender de todo esto y que al mismo tiempo diga, "Pero no te reconozco como Rey sobre *mí*"? Eso no tiene sentido. La fe en Cristo conlleva en sí misma una renuncia de ese poder rival que Jesús conquistó: el pecado. Y donde esa renuncia del pecado no está presente, tampoco la fe en Aquél que venció el pecado es genuina.

Es tal como Jesús dijo en Mateo 6:24: *"Ninguno puede servir a dos señores; porque o aborrecerá al uno y amará al otro, o estimará al uno y menospreciará al otro"*. Poner la fe en el Rey Jesús significa renunciar a sus enemigos.

Arrepentimiento – No es Perfección sino Tomar Partido

Ahora bien, nada de esto significa que el cristiano nunca vaya a pecar. Arrepentirse del pecado no necesariamente significa dejar de pecar, ni siquiera en ciertas áreas de nuestra vida mucho menos de forma total. Los cristianos aún somos pecadores caídos aun después que Dios nos ha dado vida nueva espiritual, y continuaremos batallando contra el pecado hasta que seamos glorificados con Jesús (vea Gálatas 5:17, 1 Juan 2:1). Pero aunque el arrepentimiento no signifique un fin inmediato a nuestro pecar, sí significa que ya no viviremos en paz con nuestro pecado. Declararemos guerra mortal en contra de él y dedicaremos nuestras vidas a resistirlo con el poder de Dios en cada frente de nuestras vidas.

Muchos cristianos batallan duramente contra esta idea del arrepentimiento porque de alguna manera esperan que si se arrepienten genuinamente, el pecado se irá y la tentación se detendrá. Pero cuando eso no sucede, se desesperan, y cuestionan si su fe en Jesús es real. Es verdad que cuando Dios nos regenera, nos da poder para pelear contra el pecado y vencerlo (1 Corintios 10:13). Pero debido a que continuaremos batallando contra el pecado hasta que seamos glorificados, tenemos que recordar que el arrepentimiento genuino es fundamentalmente una cuestión de la actitud del corazón hacia el pecado, y no tan sólo un cambio de comportamiento. ¿Odiamos el pecado y le declaramos la guerra, o lo atesoramos y lo defendemos?

Un escritor describe esta verdad bellamente:

> La diferencia entre un hombre inconverso y un converso no es que uno tenga pecados y el otro no; sino que uno toma partido con sus pecados atesorados que están en contra de un Dios temible, y el otro toma partido con un Dios reconciliado que está en contra de sus pecados odiados.[3]

Entonces, ¿De qué lado estás, del lado de tus pecados o del lado de Dios?

Cambio Real – Fruto Real

Cuando una persona se arrepiente genuinamente y cree en Cristo, la Biblia dice que Dios le da vida nueva espiritual. *"Y él os dio vida cuando estabais muertos en vuestros delitos y pecados"*, dice Pablo. *"Pero Dios, que es rico en misericordia, por su gran amor con que nos amó, aun estando nosotros muertos en pecados, nos dio vida juntamente con Cristo"* (Efesios 2:1,4-5). Cuando esto sucede, nuestra vida cambia–no inmediatamente, ni rápidamente, ni siquiera necesariamente de forma constante. Pero sí cambia. Comenzamos a dar fruto.

La Biblia dice que los cristianos se distinguen por la misma clase de amor, compasión, y bondad que caracteriza al mismo Jesús. Los verdaderos cristianos hacen "obras dignas de arrepentimiento", dice Pablo (Hechos 26:20). *"Cada árbol ese conoce por su fruto"*, dijo Jesús. "Pues no se cosechan higos de los espinos, ni de las zarzas se vendimian uvas" (Lucas 6:44). En otras palabras, cuando la gente recibe vida nueva espiritual, comienzan a hacer el tipo de cosas que Jesús hizo. Empiezan a vivir como Jesús vivió y llevan fruto.

Una cosa de la que tenemos que protegernos es del pensamiento que esos frutos son la causa de nuestra salvación. Siempre existe el peligro de que cuando comenzamos a ver fruto en nuestra vida, sutilmente comenzamos a depender de ese fruto para nuestra salvación, en lugar de depender de Cristo. Guárdese de esa tentación, Cristiano. Dese cuenta de que el fruto que lleva no es mas que eso: el fruto de un árbol

---

[3] William Arnot, *Laws from Heaven for Life on Earth* [Leyes desde el Cielo para la Vida sobre la Tierra] (London: Nelson and Sons, 1884), 311

que fue plantado por Dios mediante la gracia en Cristo. Depender de su propio fruto para asegurar el favor de Dios es desviar su fe de Jesús a usted mismo. Y eso no es salvación en lo absoluto.

¿A Dónde Apuntará?

Cuando usted esté delante de Dios en el juicio, me pregunto, ¿Qué propone hacer o decir para convencer a Dios para que lo cuente por justo y le admita a su reino lleno de bendiciones? ¿Qué obra buena o actitud piadosa sacará de su bolsillo para impresionarlo? ¿Acaso le mostrará cuántas veces fue a la iglesia? ¿Su vida familiar? ¿Sus pensamientos sin mancha? ¿El hecho de que no ha cometido ningún pecado atroz ante sus propios ojos? Me pregunto qué es lo que sostendrá en sus manos mientras dice, "¡Dios, justifícame a cuenta de *esto*!"

Le voy a decir lo que hará todo cristiano que tiene puesta su fe solamente en Cristo por la gracia de Dios. Simple y calladamente apuntarán a Jesús. Y esta será su plegaria: "¡Oh Dios, no busques ninguna justicia propia en mi vida. Mira a tu Hijo. Tenme por justo no por algo que yo haya hecho o algo que yo sea, sino por él. Él vivió la vida que yo debí haber vivido. Él murió la muerte que yo merecía. He renunciado a todo lo demás, y mi plegaria es solamente él. Justifícame, oh Dios, a causa de Jesús".

CAPÍTULO SEIS

EL REINO

En la entrada del estacionamiento de mi iglesia hay una placa en bronce con las palabras inmortales del misionero Jim Elliot: "No es necio aquel que entrega lo que no puede retener para ganar lo que no puede perder". Me encanta esa frase porque captura muy bien el costo y la recompensa de ser un cristiano.

No hay duda de que convertirse en cristiano es algo costoso (Lucas 14:18). Pero también es cierto que la recompensa de ser cristiano es inexpresivamente asombrosa. El perdón de pecados, la adopción como hijos de Dios, la relación con Jesús, el regalo del Espíritu Santo, la libertad de la tiranía del pecado, la comunión con la iglesia, la resurrección y glorificación final del cuerpo, el ser parte del reino de Dios, el nuevo cielo y la nueva tierra, la eternidad en la presencia de Dios, el ver su rostro–todas estas son promesas que Dios nos hizo en Cristo. No es de sorprenderse que Pablo haya citado a Isaías, diciendo,

> *Cosas que ojo no vio, ni oído oyó, ni han subido en corazón de hombre, son las cosas que Dios ha preparado para los que le aman.* (1 Corintios 2:9)

La vida cristiana no se trata solamente de evadir la ira de Dios. ¡Lejos de eso! Se trata de tener una relación correcta con Dios, y por sobre todas las cosas disfrutarlo para siempre. Eso quiere decir que se trata de ganar lo que no podemos perder–nuestra ciudadanía en su reino eterno.

Desde el momento en que una persona cree en Jesucristo, todo en esta vida cambia para siempre. Lo sé, lo sé–a veces no se siente así. No hay confeti celestial, ni trompetas, ni ángeles cantando (al menos no los podemos oír), pero es cierto de todas maneras. Todo cambia. Dios *"nos ha librado"*, dice Pablo, *"de la potestad de las tinieblas, y trasladado al reino de su amado Hijo"* (Colosenses 1:13).

¿Qué Es el Reino de Dios?

El reino de Dios es un tema importante en el Nuevo Testamento. Jesús mismo predicaba acerca de esto constantemente, diciendo, *"Arrepentíos, porque el reino de los cielos se ha acercado"*. Hechos 28:31 resume el ministerio de Pablo así: *"predicando el reino de Dios y enseñando acerca del Señor Jesucristo, abiertamente y sin impedimento"*. El autor de Hebreos se regocijaba en el hecho que los creyentes en Cristo están recibiendo "un reino inconmovible" (Hebreos 12:28), y Pedro alienta a sus lectores con la idea de que somos bienvenidos ampliamente al "reino eterno de nuestro Señor y Salvador Jesucristo" (2 Pedro 1:11). Después en el libro del Apocalipsis, todas las huestes celestiales estallan en adoración: *"Ahora ha venido la salvación, el poder, y el reino de nuestro Dios, y la autoridad de su Cristo"*(Apocalipsis 12:10).

¿Pero qué es exactamente este reino? ¿Acaso es un reinado, una porción de territorio en el cual Dios tiene una autoridad especial? ¿Es la iglesia? ¿Es algo que ya está aquí, o es algo que estamos esperando, algo que aun está en el futuro? Por cierto, ¿Quién exactamente forma parte del reino de Dios? ¿Acaso no es cierto que Dios reina de manera completa sobre todos, sin importar si creen en Jesús? ¿No es cierto que todos somos parte del reino? Y, ¿no podemos todos, cristianos o no, trabajar juntos para establecerlo?

Vamos a intentar responder algunas de estas preguntas analizando algunas cosas que la Escritura enseña acerca del reino de Dios.

El Reino Redentor de Dios

Primero, el reino de Dios es el reinado redentor de Dios sobre su pueblo. El reino es una de esas palabras que conllevan fuertes connotaciones, y en este caso, esas connotaciones tienden a confundirnos. Usualmente cuando pensamos en un reino, pensamos en un pedazo de tierra en particular con sus límites fronterizos bien definidos. Un reino es una palabra geográfica para muchos de nosotros. Sin embargo, ese no es el caso en la Biblia. Hablando bíblicamente, el reino de Dios se entiende más bien como una posición de realeza y no tanto como un territorio. Por lo tanto, el reino de Dios es el dominio, reinado, y autoridad de Dios (Salmo 145:11, 13).

Sin embargo, existe otra palabra crucial que necesitamos añadir a nuestra definición. De acuerdo a la Biblia, el reino de Dios no es solamente su dominio y reinado. Es su dominio y reinado redentor; es su soberanía amorosa que ejerce sobre su propio pueblo.

Por supuesto, es cierto que ni un centímetro cuadrado del universo, ni una sola persona, es independiente del dominio de Dios o está fuera de su autoridad. Él creó todo, reina sobre todo, y juzgará todo. Pero cuando la Biblia usa la frase "el reino de los cielos", usualmente se refiere específicamente al dominio de Dios sobre su propio pueblo, sobre aquellos que han sido salvos a través de Cristo. Por eso Pablo habla de los cristianos siendo transferidos del dominio de la oscuridad hacia el reino de Dios (Colosenses 1:12-13), y es muy cuidadoso en señalar que el impío no heredará el reino de Dios (1 Corintios 6:9).

Entonces, la definición del reino de Dios es: el dominio, reinado, y autoridad redentora de Dios sobre aquellos redimidos en Cristo Jesús.

Un Reino Ya Llegado

Segundo, el reino de Dios está aquí. Cuando Jesús comenzó su ministerio, predicaba un mensaje impactante: *"Arrepentíos, porque el reino de los cielos se ha acercado"* (Mateo 3:2). De hecho, se podría traducir como, *"¡Arrepentíos, porque el reino de los cielos está aquí!"*

Ya hemos visto qué declaración tan impactante Jesús estaba haciendo con esas palabras. Los Judíos habían estado esperando y orando por siglos para que les amaneciera el reino, para que viniera el día en que el dominio de Dios fuera establecido en la tierra y que su pueblo fuera vindicado finalmente. Y ahora aquí estaba Jesús–este carpintero Nazareno convertido en maestro–diciéndoles que el día que estaban esperando estaba aquí.

No sólo eso, sino que estaba diciendo que el reino de Dios se había inaugurado en él. Así que en Mateo 12:28, cuando los fariseos acusaron a Jesús de echar fuera demonios en el nombre de Satanás, Jesús los reprende y hace una declaración sorprendente *"Pero si yo expulso los demonios por el Espíritu de Dios, entonces el reino de Dios ha llegado a vosotros."* ¿Te das cuenta lo que esto significa? Es claro que Jesús estaba echando fuera los demonios y que lo hacia por medio del Espíritu de Dios. Lo que él estaba afirmando es que la liberación prometida de Dios para su pueblo. El reino había venido.

¡Que pensamiento mas asombroso es este! La encarnación de Jesús fue mucho mas que una visita amable de nuestro creador. Fue el despliegue de la contraofensiva final y definitiva de Dios contra el pecado, muerte y destrucción que habían entrado al mundo cuando Adán cayó.

Usted puede ver como la guerra va ocurriendo a lo largo de toda la historia de la vida de Jesús en el Nuevo Testamento. El rey Jesús va a la soledad del desierto para enfrentarse a Satanás (aquel que tantos años antes había tentado a Adán y arrojado el mundo a la corrupción), ¡y lo derrota de forma decisiva! Toca los ojos de una persona que había nacido ciega y la luz entra por primera vez. Se queda viendo hacia la triste oscuridad de una tumba y clama: "¡Lázaro, ven fuera!" y la muerte comienza a sentir como la opresión que ejerce sobre la humanidad se debilita al tiempo que este hombre muerto sale caminando.

Y claro que después, sobre todo, el mismo pecado fue derrotado cuando Jesús clamó en la cruz "Consumado es". Y la cautividad a la muerte terminó completamente cuando aquel ángel dijo (seguramente con una sonrisa en sus labios): *"¿Por qué buscais entre los muertos al que vive?, no está aquí, ha resucitado"* (Lucas 24:5-6). Paso a paso y golpe a golpe, Jesús estaba deshaciendo de forma completa los efectos de la caída. El rey legitimo del mundo había venido y todo lo que era un obstáculo para el establecimiento de ese reino (pecado, muerte, el infierno, Satanás) estaba siendo derrotado de forma decisiva.

Lo que esto significa es que muchas de las bendiciones del Reino ya son nuestras. Así que Jesús le dice a sus discípulos que enviará "otro

Consolador", el Espíritu Santo, quien los guiará, los convencerá de pecado y los santificará. De la misma manera, los cristianos saben ya lo que es ser adoptados en la familia de Dios y el ser reconciliados con él. Pablo llega a decir que ante Dios ya hemos sido resucitados y sentados con Cristo (Efesios 2:6).

Esta es una verdad increíble y alentadora. Pero hay algo mas, algo igualmente importante que debemos entender.

Un Reino Aún No Completado

Tercero, el reino de Dios no ha sido completado, y no lo será hasta que regrese el Rey Jesús. A pesar de todo lo que Jesús hizo para derrocar los poderes del maligno, no estableció entera y finalmente el dominio de Dios en la tierra–al menos no todavía. El mal fue atado, pero no destruido. El mal fue derrotado, pero no aniquilado, y el reino de Dios fue inaugurado, pero no traído en su totalidad final.

Jesús habló de un día futuro cuando el reino sería finalmente consumado. En ese día, los ángeles *"recogerán de su reino a todos los que sirven de tropiezo y a los que hacen iniquidad...Entonces los justos resplandecerán como el sol en el reino de su Padre"* (Mateo 13:41-43). Jesús también anticipa durante la Santa Cena, el día en el que beberá una vez más el fruto de la vid con sus discípulos: *"Y os digo que desde ahora no beberé más de este fruto de la vid, hasta aquel día en que lo beba nuevo con vosotros en el reino de mi Padre"* (Mateo 26:29).

Pablo también anticipa la resurrección de los muertos en la eternidad (1 Corintios 15), y les dice a los Efesios que han sido sellados con el Espíritu Santo *"que es las arras de nuestra herencia hasta la redención de la posesión adquirida, para alabanza de su gloria"*(Efesios 1:14). Más adelante dice que Dios nos ha salvado *"para mostrar en los siglos venideros las abundantes riquezas de su gracia en su bondad para con nosotros en Cristo Jesús"* (Efesios 2:7). Pedro también habla de una *"salvación que está preparada para ser manifestada en el tiempo postrero"* (1 Pedro 1:5), y el autor de Hebreos les dice a sus lectores que son *"extranjeros y peregrinos sobre la tierra"* (Hebreos

11:13) y que deben buscar *"la ciudad que tiene fundamentos, cuyo arquitecto y constructor es Dios"* (Hebreos 11:10).

La gran esperanza para los cristianos, aquello que estamos aguardando y que nos da fuerza y ánimo, es el día en que nuestro Rey partirá los cielos y regresará finalmente y para siempre para establecer su reino glorioso. Ese momento glorioso cuando todo en este mundo será puesto en orden, cuando la justicia será finalmente satisfecha, cuando el mal será derrotado, y cuando el juicio de Dios será establecido una vez y para siempre. Dios promete:

> *Porque he aquí que yo crearé nuevos cielos y nueva tierra; y de lo primero no habrá memoria, ni más vendrá al pensamiento. Mas os gozaréis y os alegraréis para siempre en las cosas que yo he creado; porque he aquí que yo traigo a Jerusalén alegría, y a su pueblo gozo. Y me alegraré con Jerusalén, y me gozaré con mi pueblo; y nunca más se oirán en ella voz de lloro, ni voz de clamor.* (Isaías 65:17-19)

Y en ese día, nos dice el profeta:

> *No harán mal ni dañarán en todo mi santo monte; porque la tierra será llena del conocimiento de Jehová, como las aguas cubren el mar* (Isaías 11:9)

De niño solía pensar que el destino de los cristianos era algo parecido a estar en un servicio de la iglesia eternamente y separados de nuestro cuerpo. ¡Ese pensamiento me asustaba! Pero estaba muy equivocado. La intención de Dios es crear un nuevo mundo para su pueblo donde no exista pecado, ni muerte, ni enfermedad. La guerra terminará, la opresión cesará, y Dios habitará con su pueblo por siempre. La muerte nunca más tendrá cabida en los hijos de Dios, y nunca jamás las lágrimas correrán por nuestras mejillas a la par de una tumba. Nunca jamás los niños vivirán unos cuantos días para después morir. Nunca jamás volveremos a estar tristes, ni tendremos dolor. Nunca jamás volveremos a extrañar nuestro hogar porque como Apocalipsis dice, Dios mismo enjugará las lágrimas de nuestros ojos, y al fin veremos su rostro.

En serio, ¿Qué se puede decir en respuesta a todo esto? Una sola cosa creo yo: ¡Oh, Señor Jesús, ven pronto!

Siempre me sorprende un poco cuando escucho a la gente hablar acerca de estas promesas–el nuevo cielo y la nueva tierra, la ciudad celestial que no estará corrompida por el mal, el mundo que no tendrá muerte, guerras, opresión, el pueblo de Dios viviendo gozosamente delante de su trono para siempre–y después se dicen el uno al otro "¡Muy bien, trabajemos para que esto suceda!"

La realidad es que nosotros como seres humanos somos incapaces de establecer y consumar el reino de Dios. A pesar de nuestros mejores –y genuinamente buenos–esfuerzos para hacer de este mundo un mejor lugar, el reino prometido en la Biblia será establecido solamente cuando el mismo Rey Jesús regrese para realizarlo.

Esto es algo crucial que debemos recordar por dos razones. Primero, nos protege de un optimismo equivocado y engañador acerca de lo que somos capaces de lograr en este mundo caído. Los cristianos ciertamente son capaces de traer algunos cambios a la sociedad. Ha sucedido antes en la historia, y no tengo razón alguna para dudar que esté sucediendo en algunos lugares ahora, y que sucederá en el futuro también. Los cristianos han hecho y pueden hacer un gran bien en el mundo–un bien que glorificará a Dios y a Jesucristo en este mundo.

Pero creo que la línea de la historia Bíblica nos fuerza a reconocer que nuestras victorias sociales y culturales siempre serán tenues y temporales hasta el regreso de Jesucristo. Los cristianos nunca traerán el reino de Dios. Sólo Dios mismo puede hacer eso. La Jerusalén celestial bajará del cielo; no se construye desde abajo para llegar arriba.

Aún más importante, el recordar que el reino será establecido hasta que Jesús regrese centraliza correctamente nuestras esperanzas, nuestros sentimientos, y nuestro deseo en Jesucristo mismo. En vez de mirar a algún poder humano, o alguna acción humana, o inclusive a nuestro propio esfuerzo para restaurar todas las cosas, miramos al cielo y clamamos con el apóstol Juan, "¡Si, ven, Señor Jesús!" Nuestro deseo de su venida se incrementa, nuestras oraciones son más fervorosas, y nuestro amor por él se profundiza. En resumen, nuestros deseos y esperanzas se centran firmemente–y correctamente–no tanto en el reino sino en el Rey de ese reino.

Una Respuesta al Rey

Cuarto, ser incluidos en el reino de Dios depende totalmente de nuestra respuesta al Rey. Jesús no pudo ser más claro respecto a esto. Una y otra vez, él dijo que la respuesta de alguien a su persona y a su mensaje es el único factor que determina si una persona será incluida en su reino. Piense en la historia del joven rico. "¿Qué haré para heredar la vida eterna?" preguntó el joven. Y la respuesta final de Jesús fue, "Sígueme", lo que para este hombre significó darle la espalda a su confianza en sus riquezas y creer en Jesús (Marcos 10:17,21).

Una y otra vez, Jesús dice que Dios dibujará una línea brillante a través de la humanidad, separando a los salvos de los perdidos. Y la única cosa que hará la diferencia entre ambos grupos es cómo le responden al Rey Jesús. Este es el meollo de la historia de las ovejas y las cabras en Mateo 25. Al final, la diferencia entre "Acércate" y "Apártate de mí" es cómo responde cada persona al Señor Jesús en base a lo que proclamaban sus "hermanos", es decir, su iglesia.

Y, por supuesto, lo que en primer lugar hace posible que seamos el pueblo de Jesús es su muerte y resurrección. Eso es lo impresionante acerca de Jesús, no sólo que es el Rey o que haya inaugurado un reino con amor y compasión. En realidad, eso no es tan sorprendente; todo judío sabía que eso sucedería algún día. No, lo que es realmente impresionante acerca del evangelio de Jesús es que el Rey murió para salvar a su pueblo; el Mesías resultó ser un Mesías crucificado.

Los Judíos habían esperado por siglos al Rey Mesías que vendría a rescatarlos. También tenían esperanzas de ver a un Siervo sufrido del Señor (profetizado por Isaías), y hasta tenían una vaga expectación del divino "hijo del hombre" quien aparecería al final de los tiempos (Daniel). ¡Pero lo que no esperaban era que estas tres figuras resultaran ser la misma persona! Nadie había atado esos tres cabos juntos–al menos no hasta que vino Jesús.

Sin embargo, Jesús no solamente decía ser el cumplimiento de las esperanzas mesiánicas de los Israelitas (es decir, su Rey), sino que constantemente se refería a sí mismo como el divino "Hijo del Hombre" de Daniel 7. Aún más, Jesús dijo que el Hijo del Hombre vino "para dar su vida en rescate por muchos" (Marcos 10:45), lo que apunta sin temor a equivocarse, al Siervo del Señor mencionado en Isaías 53:10.

¿Alcanza a ver lo que Jesús está diciendo? Está diciendo que él mismo satisfizo –todo al mismo tiempo–los roles de el Mesías Davídico, El Siervo Sufrido de Isaías, y el Hijo del Hombre de Daniel. Jesús tomó la naturaleza divina del Hijo del Hombre, y la juntó con el sufrimiento sustitutorio del Siervo, y finalmente combinó todo eso con su rol mesiánico. Para cuando Jesús había terminado de entretejer todos los hilos de la esperanza judía, este Rey era infinitamente mucho más que el revolucionario terrenal que esperaban los judíos. Él era el Rey-Siervo divino, quien sufriría y moriría por su pueblo para comprar su salvación, hacerlos justos a los ojos de su Padre, y llevarlos gloriosamente a su reino.

A la luz de todo eso, no es de sorprenderse que Jesús dijera que la entrada a su reino depende solamente de si una persona se arrepiente de su pecado y confía en él y su obra expiatoria en la cruz. Cuando Jesús habla acerca del "evangelio del reino", su intención no es solamente decir que el reino ha llegado, sino que el reino ha llegado y que usted puede ser incluido en él, si se une al Rey mediante la fe, creyendo que sólo él le puede salvar de su pecado.

Por lo tanto, ser un ciudadano del reino de Cristo no es solo una cuestión de "vivir una vida acorde al reino", o de "seguir el ejemplo de Jesús", o de "vivir como vivió Jesús". El hecho es que una persona puede profesar ser un "seguidor de Jesús", o un "vividor de la vida del reino" y aún así estar fuera del reino. Usted puede vivir como Jesús vivió todo lo que quiera, pero a menos de que se presente ante el Rey crucificado en arrepentimiento y fe, dependiendo solamente de él como el sacrificio perfecto por su pecado y su única esperanza para salvación, usted no es ni cristiano, ni ciudadano de su reino.

La manera para ser incluido en el reino de Dios es viniendo al Rey, no solamente ovacionándolo por ser un gran ejemplo que nos muestra un mejor camino para vivir, sino confiando humildemente en él como el Señor crucificado y resucitado, quien es el único que puede liberarlo de la sentencia de muerte. Al final de cuentas, la única manera de entrar en el reino es mediante la sangre del Rey.

Un Llamado a Vivir Para el Rey

Quinto, ser ciudadano del reino es ser llamado a vivir la vida del reino. En Romanos 6, Pablo llama a los cristianos a reconocer que han sido rescatados del dominio del pecado y que han sido trasladados al reino de Dios.

> *Porque somos sepultados juntamente con él para muerte por el bautismo, a fin de que como Cristo resucitó de los muertos por la gloria del Padre, así también nosotros andemos en vida nueva. Porque si fuimos plantados juntamente con él en la semejanza de su muerte, así también lo seremos en la de su resurrección; sabiendo esto, que nuestro viejo hombre fue crucificado juntamente con él, para que el cuerpo del pecado sea destruido, a fin de que no sirvamos más al pecado. Porque el que ha muerto, ha sido justificado del pecado. Y si morimos con Cristo, creemos que también viviremos con él; sabiendo que Cristo, habiendo resucitado de los muertos, ya no muere; la muerte no se enseñorea más de él. Porque en cuanto murió, al pecado murió una vez por todas; mas en cuanto vive, para Dios vive. Así también vosotros consideraos muertos al pecado, pero vivos para Dios en Cristo Jesús, Señor nuestro.* (Romanos 6:4-11)

Cuando somos trasladados al reino de Dios mediante la fe, el Espíritu Santo nos da nueva vida. Nos convertimos en ciudadanos de un nuevo reino, y súbditos de un nuevo Rey. Debido a eso tenemos una nueva obligación de obedecer al Rey, de vivir de una manera que le plazca. Por eso Pablo dice:

> *No reine, pues, el pecado en vuestro cuerpo mortal, de modo que lo obedezcáis en sus concupiscencias; ni tampoco presentéis vuestros miembros al pecado como instrumentos de iniquidad, sino presentaos vosotros mismos a Dios como vivos de entre los muertos, y vuestros miembros a Dios como instrumentos de justicia.* (Romanos 6:12-13)

Hasta que Cristo regrese, nosotros su pueblo continuamos viviendo en esta era pecaminosa, y nuestro Rey nos llama a vivir una vida que es digna del reino al que nos ha llamado (1 Tesalonicenses 2:12), a "brillar como estrellas" en una generación corrupta y depravada (Filipenses 2:15). Esto no significa en lo absoluto que vivir la vida del reino sea los que nos hace parte del mismo. Se trata de que una vez que hemos sido incluidos en el reino mediante la fe en el Rey, nos enfrentamos a un nuevo maestro, una nueva ley, un nuevo panorama, una nueva vida–y por lo tanto comenzamos a querer vivir la vida del reino.

La Biblia nos dice que en esta era, la vida del reino se lleva a cabo principalmente en la iglesia. ¿Se había puesto a pensar en eso? La iglesia es donde el reino de Dios se hace visible en esta era. Mire lo que dice Efesios 3:10-11:

> *Para que la multiforme sabiduría de Dios sea ahora dada a conocer por medio de la iglesia a los principados y potestades en los lugares celestiales, conforme al propósito eterno que hizo en Cristo Jesús nuestro Señor.*

La iglesia es la arena que Dios ha escogido para mostrar su misericordia y la gloria de su evangelio. Como muchos lo han dicho antes, la iglesia es embajadora de Dios en este mundo. No es correcto decir que la iglesia es el reino de Dios. Como ya hemos visto, el reino es mucho más que sólo eso. Pero sí es correcto decir que la iglesia es donde vemos el reino de Dios manifestado en este mundo.

¿Quiere saber qué aspecto tiene el reino de Dios, al menos antes de ser perfecto? ¿Quiere ver la vida del reino en esta era? Mire a la iglesia. Ahí es donde la sabiduría de Dios es manifestada, donde gente que antes estaba alejada, es reconciliada y unida en Jesús, y donde el Espíritu Santo de Dios está trabajando rehaciendo y reconstruyendo vidas humanas. Es donde el pueblo de Dios aprende a amarse el uno al otro, a llevar el uno las cargas y pesares del otro, a llorar juntos y a gozarse juntos, y a estar a cuentas unos con otros. Por supuesto que no es perfecta, pero la iglesia es donde la vida del reino es vivida y manifestada a un mundo que está desesperadamente necesitado de ser salvo.

Perseverando Aún en la Oscuridad

Claro, es esta necesidad desesperada del mundo de ser salvo la que hace que vivir como ciudadano del reino de Dios en esta era sea muy difícil. Para el mundo, los cristianos son una amenaza, y siempre será así. En los días de la iglesia primitiva, la declaración "¡Jesús es Señor!" era un rechazo sedicioso y blasfemo de la autoridad del emperador, e incluso mataban a los cristianos por decirlo. Hoy en día, la declaración "Jesús es Señor" es un rechazo intolerante y fanático del pluralismo, y el mundo nos denigra por eso.

En la Escritura nunca vemos que la vida del reino–la batalla de permanecer fiel al Rey–fuera fácil. Jesús prometió que sus seguidores enfrentarían persecución, que serían denigrados, burlados, y hasta asesinados. Pero aún en medio de todo eso, nosotros los cristianos perseveramos porque sabemos que nos espera una herencia en la presencia de Dios que ni nos imaginamos.

En el último libro de la épica serie *El Señor de los Anillos* de J.R.R. Tolkien, los héroes de la historia llegan a la parte más oscura de su viaje. Han viajado miles de kilómetros y finalmente llegan a la tierra malvada que era su meta, pero por diferentes razones, todo pareciera estar perdido. Pero aún en ese momento oscuro, uno de los héroes, Sam, mira hacia el cielo negro. Tolkien escribe:

> Más allá de las montañas del oeste, el cielo de noche aún estaba tenue y pálido. Ahí, asómandose entre el montón de nubes por encima de la torre arriba en las montañas, Sam vio una estrella blanca brillar por un momento. Su belleza sacudió su corazón, mientras su vista se alejaba de la tierra olvidada, y la esperanza volvió a él. Pues como un rayo claro y frío, el pensamiento lo penetró cuando comprendió que al final de cuentas, la Sombra era algo pequeño y pasajero; había luz y belleza eternas más allá de su alcance.

Ese es uno de mis momentos favoritos en la historia, porque es justo ahí que Tolkien nos lleva adonde encontramos valor para perseverar aún en la oscuridad: en la esperanza. La encontramos sabiendo que nuestros sufrimientos presentes son realmente pequeños y pasajeros, y que como dijo Pablo, no son dignos de comparación con la gloria que será revelada en nosotros cuando regrese nuestro Rey.

CAPÍTULO SIETE

MANTENIENDO LA CRUZ EN EL CENTRO

En un punto de *El Progreso del Peregrino* de John Bunyan, Cristiano se encuentra hablando con dos sujetos peculiares llamados Formalista e Hipocresía. Ellos insisten en que, al igual que cristiano, ellos están en el camino a la Ciudad Celestial, y que están seguros que llegarán, ya que muchos otros de su país han transitado antes por ese camino.

Claro, sus nombres dicen mucho. Formalista e Hipocresía no lograrán llegar a la ciudad.

La primera vez que Cristiano ve a los dos hombres, estaban trepando la pared que corre paralela al sendero angosto en el que estaba cristiano. Por su puesto, él reconoce que esto es problemático, ya que sabe que la única manera legítima para entrar al sendero angosto es mediante la Puerta Estrecha, que en la historia simboliza arrepentimiento y fe en el Cristo crucificado.

Cristiano, sin miedo a ir directo al punto, le pregunta a estos dos hombres: "¿Por qué no pasan por la puerta?" Los hombres explican rápidamente que la gente de su país piensa que la puerta está muy lejos, así que deciden "tomar un atajo". Además, dicen los hombres que,

> Si logramos entrar al sendero, ¿Qué importancia tiene cómo entramos? Si estamos dentro, estamos dentro. Tú estás en el sendero, y entraste por la puerta; nosotros estamos en el sendero, y escalamos la pared. Así que, ¿Por qué va eso a significar que tú estás mejor que nosotros?

Cristiano advierte a los hombres que el Señor de la ciudad ha decretado que todo aquel que entra en la Ciudad Celestial, debe entrar por la puerta, y les muestra un pergamino que recibió en el camino, el cual deberá ser presentado en la puerta de la ciudad para poder entrar.

"Me imagino", dice Cristiano, "que les falta esto, ya que no entraron por la puerta".

El punto de Bunyan es mostrar que el único camino a la salvación es a través de la Puerta Estrecha–esto es, a través del arrepentimiento y la fe. No es suficiente estar navegando por el sendero de la vida Cristiana. Si una persona no cruza por la puerta, no es un verdadero cristiano.

¿Un Evangelio Más Grande y Relevante?

Esa es una historia antigua, pero la moraleja de la historia de Bunyan es aún más antigua. Desde el principio de los tiempos, la gente ha tratado de salvarse a sí misma mediante formas que, para ellos, tengan sentido, en lugar de escuchar y someterse a Dios. Han tratado de descubrir nuevas formas de obtener la salvación–nuevas formas de obtener el evangelio–sin entrar por la Puerta Estrecha, esto es, sin entrar por la cruz de Jesucristo.

Eso sigue siendo verdad en nuestros días. De hecho, creo que uno de los peligros más grandes que enfrenta el cuerpo de Cristo hoy en día, es la tentación de presentar o articular el evangelio de una manera que tenga en el centro otra cosa que no sea la muerte de Jesús en la cruz por los pecadores.

La presión para hacer esto es enorme, y pareciera que se presenta en diferentes direcciones. Una de las fuentes primarias de presión es la idea cada vez más común de que el evangelio de perdón de pecados a través de la sangre de Cristo no es lo suficientemente "grande"–no ataca problemas como la guerra, la opresión, la pobreza, y la injusticia, y en realidad, como lo dijo un autor, "no es tan importante" cuando queremos resolver los problemas reales del mundo.

Ahora bien, creo que esa acusación es completamente falsa. Desde la raíz, todos esos problemas son el resultado del pecado del hombre, y es ingenuo pensar que con un poco más de activismo, o un poco más de preocupación, o un poco más de "vivir la vida como la vivió Jesús", podremos resolver esos problemas. No, es solamente la cruz que termina una vez y para siempre con el pecado, y es la cruz la que hace posible que los humanos sean incluidos en el reino perfecto de Dios.

No obstante, la presión de encontrar un evangelio más "grande" y más "relevante" pareciera haber cautivado a mucha gente. Una y otra vez, en libro tras libro, vemos descripciones del evangelio que terminan relegando la cruz a una posición secundaria. En vez de ello vemos que el corazón del evangelio es que Dios está rehaciendo el mundo, o que ha prometido un reino en el que todo será puesto en orden, o que nos está llamado a unirnos a su plan de transformar nuestra cultura. Cualquiera sea el caso, el resultado es que una y otra vez, la muerte de Jesús por los pecadores es asumida, discriminada, o hasta (algunas veces deliberadamente) ignorada.

Tres Evangelio Sustitutos

Esta descentralización de la cruz me parece que está ocurriendo sutilmente de maneras diferentes entre los cristianos evangélicos. En los últimos años, se han defendido algunos evangelios "más grandes y mejores", y cada uno de ellos pareciera estar ganando un número significativo de seguidores. Sin embargo, en la medida que estos evangelios "más grandes" tienen algo diferente en el centro que no sea la cruz de Cristo, mi opinión es que realmente son menores al evangelio, o más bien ni siquiera son el evangelio. Déjenme darles tres ejemplos de esto.

"Jesús Es Señor" No Es el Evangelio

Uno de los evangelios "más grandes" que tienen más popularidad es la declaración de que las buenas nuevas son simplemente la proclamación de que "Jesús es Señor". Parecido a un heraldo que entra en la ciudad y declara, "César es Señor", los cristianos deben de anunciar las buenas nuevas de que Jesús es quien reina, y que está en proceso de reconciliar al mundo entero consigo mismo y de traerlo bajo sus pies.

Claro, ¡La declaración de que "Jesús es Señor" es una verdad magnífica y absoluta! Y esa declaración del señorío de Jesús es esencial para entender el mensaje del evangelio. Por eso Pablo dice en Romanos

10:9 que la persona que confiese que "Jesús es el Señor" será salvo, y en 1 Corintios 12:3 dice que es solamente a través del Espíritu de Dios que una persona puede afirmar esa verdad.

Pero seguro que no es correcto decir que la declaración "Jesús es Señor" es la suma y la substancia completa de las buenas nuevas Cristianas. Ya hemos visto cómo los cristianos primitivos decían mucho más que eso cuando proclamaban el evangelio. Sí, en Hechos 2, Pedro predicó, *'Sepa, pues, ciertísimamente toda la casa de Israel, que a este Jesús a quien vosotros crucificasteis, Dios le ha hecho Señor y Cristo"* (v. 36). Pero antes y después de esa afirmación existe una explicación extensa de lo que *significa* el señorío de Jesús. Significa que este Señor había sido crucificado, enterrado, y resucitado, y también significaba que su muerte y resurrección habían logrado, por encima de todo, el "perdón de pecados" de aquellos que se arrepienten y creen en él. Pedro no solamente declaró que Jesús es Señor. Proclamó que este Señor había actuado a favor de su pueblo para salvarles de la ira de Dios en contra de su pecado.

A estas alturas, debería ser obvio decir que "Jesús es Señor" no es realmente la buena noticia si no explicamos que Jesús no es solo Señor, sino también Salvador. El señorío implica el derecho de juzgar, y ya hemos visto que Dios juzgará el mal. Por lo tanto, la proclamación de que Jesús es Señor es una noticia terrible para el pecador en rebelión con Dios y su Mesías. Significa que su enemigo ha heredado el trono y está a punto de juzgarle por su rebelión contra él.

Para que esas noticias sean buenas y no aterradoras, es necesario incluir una manera en que su rebelión sea perdonada, una forma para que sea reconciliado con Aquel que es Señor. Eso es exactamente lo que vemos en el Nuevo Testamento–no sólo que Jesús es Señor, sino que este Señor Jesús ha sido crucificado para que los pecadores sean perdonados y traídos al gozo de su reino venidero. Sin esto, la declaración de que "Jesús es Señor" no es nada más que una sentencia de muerte.

El Esquema Creación–Caída–Redención–Consumación No Es el Evangelio

Muchos cristianos han resumido la historia de la Biblia usando cuatro palabras: *creación, caída, redención, consumación.* De hecho, ese bosquejo es una buena manera de resumir la historia central de la Biblia. Dios crea el mundo, el hombre peca, Dios actúa en Jesús el Mesías para redimir a su pueblo, y la historia llega a su final con la consumación de su reino glorioso. Desde Génesis hasta Apocalipsis, esa es una excelente forma de recordar la narrativa básica de la Biblia. De hecho, cuando lo entendemos y articulamos correctamente, el bosquejo creación-caída-redención-consumación provee una buena estructura para una presentación fiel del evangelio bíblico.

Sin embargo, el problema es que el esquema creación-caída-redención-consumación, ha sido mal utilizado por algunos, poniendo el énfasis del evangelio en la promesa de Dios de renovar la tierra, en vez de hacer énfasis en la cruz. Es por eso que el "evangelio" de la creación-caída-redención-consumación es presentado muchas veces de manera algo parecido a esta:

> El evangelio es la noticia de que en el principio Dios creó el mundo y todo lo que hay en él. Originalmente era muy bueno, pero los seres humanos se rebelaron contra el reinado de Dios y causaron un caos en el mundo. Los humanos rompieron su relación con Dios, con los demás seres humanos, con ellos mismos, y con su mundo. Sin embargo, después de la caída, Dios prometió enviar un Rey que redimiría un pueblo a sí mismo y reconciliaría la creación con su Creador una vez más. La promesa empezó a ser cumplida con la venida del Señor Jesucristo, pero será finalmente completada, o consumada, cuando regrese el Rey Jesús.

Claro, todo lo que dice este párrafo es verdad. Pero lo que escribí ahí no es el evangelio. Así como la proclamación de que "Jesús es Señor" no son buenas noticias a menos que exista una manera de ser perdonados por nuestra rebelión contra él, tampoco el hecho de que Dios está rehaciendo el mundo son buenas noticias a menos que estemos incluidos en ello.

Por supuesto, que es correcto utilizar el esquema creación-caída-redención-consumación como una forma de explicar las buenas noticias del Cristianismo. De hecho, las categorías "creación" y "caída" se alinean casi perfectamente con nuestras categorías de "Dios" y "hombre". No obstante, el punto crucial es cuando se presenta la categoría "redención". Aquí es donde debemos de tener cuidado en explicar la muerte y resurrección de Jesús, y la respuesta que Dios demanda de los pecadores cuando presentemos el evangelio. Si decimos meramente que Dios está redimiendo a un pueblo y está rehaciendo el mundo, pero no mencionamos *cómo es que está haciendo eso* (a través de la muerte y resurrección de Jesús) y *cómo es que una persona puede ser incluida en esa redención* (arrepintiéndose de su pecado y confiando en Jesús), entonces no hemos proclamado las buenas nuevas. Simplemente contamos la gran narrativa de la Biblia, y dejamos a los pecadores por fuera.

***Transformar la Cultura* No Es el Evangelio**

La idea de ver transformada la cultura a través del trabajo de los cristianos pareciera haber capturado la mente de muchos evangélicos. Creo que esta es una meta noble, y también pienso que el esforzarse por resistir el mal en la sociedad, sea este personal o sistemático, es una idea bíblica. Pablo nos dice que *"hagamos bien a todos, y mayormente a los de la familia de la fe"*(Gálatas 6:10). Jesús nos dice que debemos de cuidar a nuestros vecinos, y esto incluye a los que nos son creyentes (Lucas 10:25-27). Y también nos dijo, *"Así alumbre vuestra luz delante de los hombres, para que vean vuestras buenas obras, y glorifiquen a vuestro Padre que está en los cielos"* (Mateo 5:16).

Sin embargo, muchas personas preocupadas por transformar la sociedad van aún más allá, diciendo que el mandato de "redimir la cultura" está en la misma esencia de la historia bíblica. Argumentan que si Dios está ocupado rehaciendo el mundo, entonces es nuestra responsabilidad unirnos a su plan, juntando los materiales de construcción del reino, y haciendo grandes progresos en el establecimiento del reino de Dios en nuestros vecindarios, ciudades, y naciones. "Debemos hacer lo mismo que vemos que Dios está haciendo", nos dicen.

Permítame dar un paso adelante y poner mis pensamientos sobre la mesa. Tengo algunas serias reservas bíblicas y teológicas en cuanto a este paradigma de transformar la cultura. No estoy convencido de que la Escritura se esfuerce en favorecer la posición de prioridad de transformar la cultura que tienen muchas de estas personas. Esto lo digo por varias razones. Primero, no creo que el mandato cultural del Génesis sea dado al pueblo de Dios como tal; creo que le es dado a la humanidad entera. Tampoco creo que la trayectoria general de la cultura humana, ya sea en la Biblia o en la historia, esté dirigida hacia Dios; al contrario, creo que la trayectoria de la cultura humana se dirige hacia el juicio (vea Apocalipsis 17-19). Así que creo que el optimismo de estas personas acerca de la posibilidad de "cambiar el mundo" es engañoso, y por ende, también es desalentador.

No obstante, todo esto es una discusión bíblica-teológica enorme, y no es mi intención principal hablar de ella. De hecho creo que es posible ser una persona preocupada por transformar la cultura y al mismo tiempo estar comprometida en mantener la cruz de Jesús en el centro de la historia bíblica y de las buenas nuevas. Después de todo, es el pueblo *perdonado* y *redimido* de Dios quien será usado para lograr esta transformación, y el perdón y la redención sólo se encuentran en la cruz.

Mi preocupación más bien es algo que espero que mis amigos transformacionalistas estén de acuerdo con todo su corazón. Es el hecho de que entre muchos transformacionalistas, es muy común que la redención cultural se convierta sutilmente en la gran promesa del evangelio, el significado de la cruz, deliberadamente o no, es desplazado de esa posición. Esto se puede ver en libro tras libro que llaman a los cristianos a hacer un mayor énfasis en transformar la cultura. El mayor gozo se produce por la promesa de una cultura reformada en vez de la obra de Cristo en la cruz. La apelación más grande es que la gente se una a Dios en su trabajo de transformar el mundo, en vez de que se arrepientan y crean en Jesús. La línea histórica de la Biblia pareciera tener su eje en la nueva cultura, en vez de tenerlo en la muerte sustitutoria de Jesús.

Y en el proceso, el Cristianismo ya no se basa en la gracia y la fe, sino que se convierte en una religión banal que nos dice "Vive de esta manera, y transformaremos el mundo". Eso no es Cristianismo; es moralismo.

Tropezadero Para Unos, Locura Para Otros

A final de cuentas, me pregunto si el impulso de quitar la cruz del centro del evangelio tiene su origen en el simple hecho de que al mundo no le gusta la cruz. Algunos piensan que es un cuento de hadas ridículo, y otros piensan que es una mentira monstruosa. En realidad, esto no debería sorprendernos. Pablo nos dijo que ese sería el caso. Dijo que el mensaje de la cruz sería tropezadero para unos, y locura para otros.

Si le añadimos a esto el hecho de que realmente *queremos* que el evangelio sea atractivo para el mundo, hemos creado una presión enorme para que los cristianos encuentren una manera de no hablar tanto de "la religión de la cruz sangrante". Después de todo, queremos que la gente acepte el evangelio, no que se burle, ¿No es verdad?

Pero la verdad es que debemos aceptar que el mensaje de la cruz parecerá locura a los que están a nuestro alrededor. Hará que nosotros como cristianos pasemos por tontos, y sin duda frustrará nuestros intentos de "relacionarnos" con los incrédulos para probarles que somos iguales de buena onda e inofensivos como cualquiera. La verdad es que los cristianos siempre pueden hacerle pensar al mundo que son buena onda, hasta que empiezan a hablar acerca del hombre crucificado que los salvó. Y ahí es donde dejamos de ser buena onda, sin importar lo mucho que hayamos invertido en nuestra reputación.

Aún así, la Escritura es clara en que la cruz *debe* permanecer en el centro del evangelio. No podemos hacerla a un lado, ni tampoco podemos reemplazarla con otra verdad que sustituya el corazón y el meollo de las buenas nuevas. Hacer eso es presentarle al mundo otra cosa que no salva, y por lo tanto, no son buenas noticias en lo absoluto.

De hecho, la Biblia nos da una instrucción muy clara de cómo debemos responder ante cualquier presión de descentralizar la cruz del evangelio. Debemos resistirla. Mire lo que dijo Pablo acerca de esto en 1 Corintios. Sabía que el evangelio de la cruz parecía una locura a los de su alrededor. Sabía que rechazarían el evangelio debido a eso. Pero aún a pesar del rechazo, dijo que *"nosotros predicamos a Cristo crucificado"* (1 Corintios 1:23). De hecho, se propuso "no saber *nada* entre vosotros cosa alguna sino a Jesucristo, y a éste crucificado" (1 Corintios 2:2). Esto es debido a que el hecho de que "Cristo murió por nuestros pecados, conforme a las Escrituras" no sólo era importante, y ni si quiera *muy* importante. Era de suma importancia (1 Corintios 15:3).

¿Y qué si eso le parece ridículo al mundo? ¿Qué si el mundo responde mejor a un evangelio que se inclina hacia la renovación del mundo en vez de hacia la cruz de Cristo? ¿Qué si la gente se burla del evangelio porque se trata de un hombre muriendo en una cruz? Que así sea, dijo Pablo. Yo predico la cruz. Pueden pensar que es ridículo; pueden pensar que es necedad. Pero yo sé que *"la necedad de Dios es más sabia que los hombres"* (1 Corintios 1:25 LBA).

Pablo se aseguró de que la cruz fuera el punto central del evangelio que predicaba, y nosotros debemos hacer lo mismo. Si dejamos que algo más se convierta en el centro, es como si dijéramos, "Mire, permítame ayudarle a escalar la pared. Confíe en mí. Todo estará bien".

CAPÍTULO OCHO

EL PODER DEL EVANGELIO

Justo antes de graduarme de la universidad, dos de mis mejores amigos y yo decidimos repentinamente hacer un viaje por carretera desde mi hogar al Este de Texas hasta el Parque Nacional Yellowstone. Fue un gran viaje, algo así como un rito de paso de tres jóvenes que llegaban a la adultez.

Como tal vez ya se imagina, el viaje estuvo lleno de vistas maravillosas de las montañas, glaciares, geiseres, fuentes de azufre caliente, y muchos, muchos alces. Una mañana, decidimos ocupar el día en una caminata, y todos estuvimos de acuerdo en que sería más aventurero no llevar un mapa con nosotros. Queríamos ver a dónde iban a dar las veredas, así que empacamos algo de comida y nuestros celulares, y zarpamos.

Fue una caminata muy larga, y después de un tiempo empezamos a bromear, diciendo que nos encontrábamos en el Parque Nacional Yellowstone, y realmente no era tan diferente del bosque al Este de Texas en donde habíamos crecido. Nos rodeaban pinos enormes por todos lados, y de vez en cuando brincábamos un arroyo que se atravesaba en el camino. Pero la verdad es que no había mucho que ver, y esto comenzaba a molestarnos.

Pero entonces, repentinamente, antes de siquiera tener tiempo de notar que algo estaba cambiando, el bosque se aclaró y nos encontramos frente a la orilla del Gran Cañón de Yellowstone. Debajo de nosotros teníamos una sima magnífica con varios kilómetros de profundidad. Un río al fondo del cañón reflejaba los rayos del sol. Algunos pájaros volaban debajo de nosotros, e inclusive las corrientes de aire hacían flotar algunas nubes bajo nuestros pies.

¡Qué pequeño me sentí en ese momento, deslumbrado por la expansión que estaba debajo de mí! Por un momento, los tres quedamos –por primera vez en todo el día–atónitos. Fue entonces que uno de mis amigos comenzó a cantar:

Señor mi Dios, al contemplar los cielos,
el firmamento y las estrellas mil...[4]

El pobre no cantaba muy bien, pero lo hacía con el corazón. Durante los siguientes minutos nos detuvimos a la orilla del Gran Cañón de Yellowstone para adorar a Aquel quien había creado esa obra maestra tan inspiradora.

¿Por Qué Se Nos Pasa Por Alto?

¿Sabe qué? Creo que el evangelio tendría el mismo efecto sobre nosotros si tomáramos el tiempo para detenernos y pensar. ¿Cuándo fue la última vez que levantó la vista de los detalles terrenales de esta vida y se enfrentó cara a cara con el Gran Cañón de lo que Dios ha hecho por nosotros en el evangelio–su gracia insondable que perdona a la gente que se ha rebelado contra él, su plan maravilloso de mandar a su Hijo a sufrir y morir en nuestro lugar, para establecer el trono del Jesús resucitado sobre un reino de perfecta justicia, y para traer a aquellos que han sido salvos y redimidos por su sangre a un nuevo cielo y una nueva tierra donde el pecado y la maldad serán conquistados por siempre.

¿Cómo es que permito que la belleza, y el poder, y la vastedad del evangelio se desvanezca tan pronto y durante mucho tiempo de mi cabeza? ¿Por qué es que mis pensamientos y mis emociones son dominadas frecuentemente por cosas triviales como si el carro está limpio, o si me perdí las noticias matutinas, o si me gustó mi comida, en vez de ser dominados por estas verdades gloriosas? ¿Por qué es que veo mi vida como si estuviera ciego, en vez de verla a la luz de la eternidad? ¿Por qué este evangelio no impregna todo el tiempo y hasta lo mas profundo de mis relaciones con mi esposa y mis hijos, o mis compañeros de trabajo, o mis amigos y miembros de mi iglesia?

---

[4] "Cuán Grande Es Él", Stuart K. Hine, 1949; basado en el poema "O Store Gud", de Carl G. Boberg, 1886.

Yo sé exactamente el por qué. Es porque soy pecador, y la mundanalidad continuará persistiendo en mi corazón y declarándome la guerra hasta el día en que Jesús regrese. Pero hasta entonces, quiero luchar en contra de eso. Quiero luchar en contra de la pereza espiritual–en contra de este sopor etílico que el mundo me ofrece–y quiero abrazar este evangelio y ser transformado totalmente: mis acciones, mis emociones, mis afectos, mis deseos, mis pensamientos, y mi voluntad.

Espero que usted también desee esto. Y espero que este pequeño libro le haya ayudado a talar los árboles que oscurecen nuestra vista para ver la grandeza de lo que Dios ha hecho por nosotros en Jesús. ¿Pero ahora qué? Bueno, permítame mencionar algunas cosas (hay muchas otras que no mencionaré) acerca de cómo las buenas nuevas de Jesús afectan nuestras vidas.

Arrepiéntase y Crea

En primer lugar, si usted no es cristiano, gracias por no haberse dado por vencido en leer este libro. Espero que haya tomado tiempo para considerar las buenas nuevas de Jesús, y oro para que realmente penetren en su mente. En su caso, creo que la pregunta "¿Qué hago ahora?" es muy sencilla. No son muchas cosas las que necesita hacer. Sólo es una: arrepiéntase y crea en Jesús. Eso significa que tiene que reconocer su bancarrota espiritual y su completa inhabilidad de salvarse a usted mismo, debe venir a Jesús y reconocerlo como su única esperanza para ser perdonado y estar bien ante Dios.

Convertirse en cristiano no es un proceso laborioso. No hay nada que usted pueda hacer para merecerlo. Jesucristo ya ha ganado todo lo que usted necesita. Lo que el evangelio le invita a hacer es a alejar su corazón el pecado y voltearse a Jesús–esto es, confiar y descansar en él. El evangelio lo llama a que venga a Jesús, y le diga, "Sé que no puedo salvarme a mí mismo, así que estoy confiando en que tú lo harás por mí".

Y es entonces que un mundo entero se abrirá ante sus ojos. Pero todo comienza con arrepentimiento de pecados y fe en que Jesús es suficiente para salvarle.

Descanse y Regocíjese

Si usted es cristiano, entonces el evangelio lo llama primeramente a descansar en Jesucristo y a regocijarse en la salvación irrebatible que ha ganado para usted. Es por causa de Jesús, y porque sé que estoy unido a él por la fe, que puedo luchar en contra de la tentación de pensar que mi salvación es frágil o temporal. Sea que lo sienta o no, puedo estar seguro que le pertenezco a Jesús y que nadie me puede arrebatar de su mano. Es por eso que el evangelio me dice que mi justicia delante de Dios no está fundamentada en completar una especie de lista de verificación. ¿Tengo suficiente fruto? Sí. ¿Mantengo un tiempo a solas con Dios? Sí. ¿Tengo conversaciones espirituales? ¡Sí, sí, sí! ¡Qué bien! ¡Me siento *realmente* salvo el día de hoy!

¡Qué ridículo es eso a la luz de lo que dice el evangelio acerca de Jesús! Gracias a Dios que mi relación con él no está basada en mi voluntad inconstante o en mi habilidad de vivir justamente. No, Dios ya ha pronunciado su veredicto sobre mí, y es "¡PERDONADO!". Aun más, ese veredicto jamás cambiará porque está fundado sola y eternamente en Jesús–su muerte en la cruz en mi lugar y su intercesión por mí ante el trono de Dios, aún en este momento.

Si usted es cristiano, entonces la cruz de Jesús es como una montaña de granito a lo largo de toda su vida, testificando firmemente sobre el amor de Dios y su determinación de traerlo seguro a su presencia. Es como dijo Pablo en Romanos: *"Si Dios es por nosotros, ¿quién contra nosotros? El que no escatimó a su propio Hijo, sino que lo entregó por todos nosotros, ¿cómo no nos dará también con él todas las cosas?"* (Romanos 8:31-32).

Ame al Pueblo de Dios

Amigo cristiano, el evangelio también debe conducirle a amar más profundamente al pueblo de Dios, la iglesia. Ninguno de nosotros como creyentes se ha ganado la herencia que Dios nos ha preparado. No nos hicimos ciudadanos nosotros mismos. Fuimos incluidos en las promesas de Dios solamente porque sabemos que dependemos en Jesús para salvarnos, y estamos unidos a él mediante la fe.

Pero aquí está el detalle. ¿Se da cuenta que esto mismo es verdad para el hermano o hermana en su iglesia que no le cae bien? Él o ella creen y aman al mismo Señor Jesús, y aún más, ambos han sido salvos y perdonados por el mismo Señor. Piense en ese hermano o hermana a quien no se ha molestado en conocer porque no piensa que serán compatibles. Piense en esa persona con la que tiene una relación rota y no ha querido repararla. Ahora considere que esa misma persona ama y adora al mismo Señor que usted. Considere que el mismo Señor que murió por usted, también murió por él, o ella.

Me pregunto si su entendimiento del evangelio de Jesucristo–las buenas nuevas de que Jesús le salvó sin que usted lo mereciera–es lo suficientemente profundo como para tragarse las pequeñas críticas que tiene contra sus hermanos y hermanas. Me pregunto si es lo suficientemente profundo como para enterrar las ofensas que han cometido en su contra, incluyendo las más dolorosas, y como para llevarle a perdonarlos y amarlos justo como Jesús mismo lo ha hecho por usted.

Me pregunto si la vastedad del amor de Dios por usted ha incrementado su amor por los demás.

Comparta las Buenas Nuevas Con el Mundo

No sólo eso, sino que me pregunto si la gracia de Dios le ha causado que ame más al mundo a su alrededor, y que anhele que la gente conozca y crea en Jesucristo. Si verdaderamente entendemos la gracia que Dios nos ha mostrado, nuestros corazones arderán con la idea de ver esa misma gracia en otros.

Después de su resurrección, Jesús se apareció a sus discípulos y les dijo: *"Así está escrito, y así fue necesario que el Cristo padeciese, y resucitase de los muertos al tercer día; y que se predicase en su nombre el arrepentimiento y el perdón de pecados en todas las naciones, comenzando desde Jerusalén. Y vosotros sois testigos de estas cosas"* (Lucas 24:46-48). ¡Me imagino lo pálido que se pusieron las caras de los discípulos al escuchar esto! El propósito de Dios era nada menos que la redención del mundo, ¡y aquí estaba Jesús diciéndoles que ese propósito sería cumplido *a través de ellos*!

No sé de usted, pero eso me hace sentir increíblemente inadecuado. ¿Dios planea cumplir sus propósitos a través de *nosotros*? ¡Maravilloso! Pero si usted se siente indigno e inadecuado, permítame darle un poco de ánimo. Usted *es* indigno, ¡y seguro que es inadecuado! ¿Ya lo hice sentir más animado? Mírenos–somos seres humanos frágiles, y débiles que estaremos luchando contra el pecado por el resto de nuestras vidas. Y aún así, Jesús nos dice, "Tú serás mi testigo". Es mediante nuestra proclamación del evangelio–ya sea mediante prédicas, o enseñanzas, o conversaciones en la mesa con amigos, miembros de familia, y compañeros de trabajo–que Dios salva a pecadores.

¿Alguna vez se ha preguntado por qué el ángel que habló con Cornelio en Hechos 10 no le dijo nada acerca del evangelio? ¿Por qué molestarse en mandarlo con Pedro, quien estaba en un pueblo diferente? En serio, si el ángel le pudo decir todo eso a Cornelio, ¡seguramente también podía haberle hablado del evangelio! Pero no, Dios ha determinado que el evangelio avance mediante la palabra hablada por su pueblo–esto es, a través de las bocas de aquellos que han abrazado las buenas nuevas de Jesús y que han conocido el perdón que proviene de él.

Si usted es cristiano, dese cuenta que tiene en sus manos el único mensaje verdadero de salvación que el mundo va a escuchar. Nunca habrá otro evangelio u otra manera en que el mundo sea salvo de sus pecados. Si sus amigos, familia y compañeros de trabajo van a ser salvos de sus pecados, será solo porque alguien les hable el evangelio de Jesucristo. Por eso es que Jesús nos comisiona a ir a todo el mundo, predicando y enseñando estas buenas noticias a las naciones. También es lo que Pablo quiso decir en Romanos 10 cuando preguntó, "¿Cómo, pues, invocarán a aquel en quien no han creído? ¿Y cómo creerán en aquel de quien no han oído? ¿Y cómo oirán sin haber quien les predique?" (v. 14). Hay muchas cosas buenas que podemos hacer como cristianos, pero a decir verdad, muchas de esas cosas buenas pueden igualmente ser hechas por no cristianos. Pero si nosotros como cristianos fallamos en proclamar el evangelio de Jesús, ¿quién mas lo va a hacer? Nadie.

Así que permita que las verdades del evangelio penetren su corazón y lo quebranten por aquellos que aun no conocen a Jesucristo. Medite en lo que significará que sus amigos, familia y compañeros de trabajo estén de pie delante de Dios, el justo juez separados de Cristo. Recuerde lo que la gracia de Dios ha hecho en su vida, e imagine lo que podría hacer en la de ellos. Después, respire profundo, ore para que le Espíritu de Dios obre, entonces ¡abra su boca y hable!

Anhele a Jesús

Finalmente, el evangelio debería causar que anhelemos el día en que regresará nuestro Rey Jesús para establecer su reino entera y finalmente para siempre. Ese deseo no nace solamente por *estar* en al reino; no anhelamos el regreso de Jesús sólo porque viviremos en un mundo en el que la maldad será conquistada y reinará la justicia.

Esas son promesas maravillosas, pero aún así no son lo suficientemente grandes. No, si entendemos el evangelio correctamente, no anhelaremos el reino tanto como al Rey. El evangelio nos llevó a conocerle y a amarle, y también a anhelar estar con él. Jesús dijo: *"Quiero que donde yo estoy, ellos también estén conmigo"* (Juan 17:24). Y nosotros también deseamos estar con él, en compañía de millones de gentes para adorarle.

El libro de Apocalipsis contiene una visión maravillosa de lo que Dios ha preparado para aquellos que le aman. Sólo es una pista, pero aún así puede sentir la victoria, el gozo, el descanso, y sentido de conclusión en esta imagen tan espectacular de nuestro redentor Jesucristo.

> *Después de esto miré, y he aquí una gran multitud, la cual nadie podía contar, de todas naciones y tribus y pueblos y lenguas, que estaban delante del trono y en la presencia del Cordero, vestidos de ropas blancas, y con palmas en las manos; y clamaban a gran voz, diciendo: La salvación pertenece a nuestro Dios que está sentado en el trono, y al Cordero.* (Apocalipsis 7:9-10)

Ese es el día al cual el evangelio nos lleva a anhelar. Aún cuando enfrentamos pruebas, persecuciones, irritaciones, tentaciones, distracciones, apatía, y todo lo banal de este mundo, el evangelio nos apunta hacia el cielo donde nuestro Rey Jesús–el Cordero de Dios que fue crucificado en nuestro lugar y que fue resucitado gloriosamente de los muertos–está sentado intercediendo por nosotros. No sólo eso, sino que el evangelio nos llama a contemplar aquel día final cuando el cielo será lleno del estruendo de millones y millones de voces perdonadas aclamando a Jesús como Salvador y Rey.

AGRADECIMIENTOS ESPECIALES

Como en cualquier proyecto de libro, hay muchas personas a quienes les debo una palabra de agradecimiento. Uno no aprende o piensa aisladamente, y pudiera pasar un día entero nombrando a hermanos y hermanas con quienes he platicado acerca del evangelio por más de una década. Sin embargo, hay algunas cuantas personas a las que quiero darles un "gracias" especial.

Primero, al equipo maravilloso de Crossway, gracias por arriesgarse a publicar a un autor desconocido. Si al Señor le place utilizar este libro para edificar su iglesia, habrá sido a través de ustedes.

También gracias al equipo de 9Marks por alentarme a escribir este libro, y sus esfuerzos para que sucediera. La visión y pasión de Matt Schmucker por la salud de la iglesia alrededor del mundo es inspiradora, y me siento honrado de conocerle y de trabajar con él. Jonathan Leeman me ayudó tremendamente a escribir y afilar este libro mediante conversaciones, correos electrónicos, y ediciones. También gracias a Bobby Jamieson, quien absorbió innumerables tazas de café conmigo, hablando acerca del reino. ¡Qué gozo es pertenecer a este equipo!

A Mark Dever, mi querido hermano, gracias por empujarme a escribir mi primer libro. Estoy endeudado contigo en formas que ni si quiera estoy seguro si pueda articular. Me siento orgulloso de poder llamarte mi mentor espiritual, y también me alegra que el Señor nos haya sorprendido a ambos trayéndome de regreso a Washington DC por un tiempo. Dios ha sido muy generoso en darnos este tiempo juntos.

Finalmente, gracias a mi bella y fuerte esposa Moriah, quien me ama y me atiende tan bien, y quien no se desespera en los innumerables momentos en que mi cabeza desaparece para trabajar en un problema teológico enredoso. Te amo mucho, Querida.

GREG GILBERT se graduó de la Universidad de Yale y obtuvo su Maestría en Divinidad en el Seminario Teológico Bautista del Sur. Sirvió como asistente pastoral en la Iglesia Capitol Hill en Washington DC. Actualmente es pastor principal de la Iglesia Third Avenue en Louisville, Kentucky.

Otros Títulos
por
Publicaciones Faro de Gracia

Una Iglesia Saludable: 9 Características
Mark Dever

Querido Timoteo:
Cartas sobre el Ministerio Pastoral
Tom Ascol

La Supremacía de Dios en la Predicación
John Piper

Cómo Asesorar a las Personas
para que Cambien
Jay Adams

La Iglesia Deliberante
Mark Dever

Jesús, el Unico Camino a Dios
John Piper